HUM😊RIS CAUSA

Herausgegeben von Wolfgang Neumann

Usch Hollmann

MAL SCHMECKT'S, MAL SCHMECKT'S BESSER ...

Lisbeths kulinarisches ABC

mit Cartoons
von Sanja Saftić

Usch Hollmann

24.4.'23

solibro

Mit freundlicher Unterstützung durch

ISBN 978-3-96079-101-0

1. Auflage 2023 • Originalausgabe • auch als eBook erhältlich

© SOLIBRO® Verlag Münster 2023

Cartoons (Umschlag und Innenteil):
Sanja Saftić

Umschlag- und Reihengestaltung:
Wolfgang Neumann

Autorenfoto (S. 6): *Hermann Willers*

Druck & Bindung: CPI Books GmbH, Leck

Solibro Verlag • Jüdefelderstr. 31 • 48143 Münster

verlegt. gefunden. gelesen.
SOLIBRO.de

DER ECHTE MÜNSTERLÄNDER UND DIE MÜNSTERLÄNDERIN,
DIE HAM MIT SCHICKIMICKI INNE KÜCHE NIX IM SINN.
NICH DAT DIE OMAS EINTOPF NUR GENIESSEN
UND SICH DE „HAUTE CUISINE" TOTAL VERSCHLIESSEN,
DOCH KOMM'N DIE KOHLDAMPFMÄSSIG MAL IN NOT,
HILFT NUR 'N DEFTIG SCHINKENBUTTERBROT.

Seit 1993 begeistert Usch Hollmann mit ihrer münsterländischen Kunstfigur „Lisbeth" zunächst in Radiokolumnen und später auch bei Live-Auftritten ein größeres Publikum. In der Folge sind ihre bei Solibro erschienenen „Lisbeth-Büchskes" zu regionalen Bestsellern geworden mit bislang zusammen vierzehn Auflagen: „Hallo Änne, hier is Lisbeth ..." (1996), „Wat is uns alles erspart geblieben!" (1998), „Dat muss aber unter uns bleiben!" (2006). Es folgten auch andere Genres mit „Spekulatius und Springerle" (2002), „Stoffel lernt spuken/Stoffel lärt spöken" (2004), „Aber das wär' doch nicht nötig gewesen!" (2008), „Stille Nacht light" (2012) und mit Markus Böwering „Wasserschloss zu vererben" (2018). Zusammen mit Dozenten der Musikhochschule Detmold präsentierte sie zahlreiche Dichter- und Musikerportraits und trat zwölf Jahre lang sehr erfolgreich mit der von ihr gegründeten Kabarettgruppe „Fünf freche Frauen" auf. Für ihr vielseitiges Engagement erhielt sie mehrere Preise, u. a. 1999 den Kulturpreis des Kreises Steinfurt.

Inhalt

FÜR

ALMUT * ALLEGRA * ANDREA * ANGELA * ANGELIKA
ANKING * ANNELIESE * ANNETTE * ANNOUK * ANTJE
ANTOINETTE * ASTRÉE * BARBARA * BRIGITTE * CHRIS-
TIAN * CLAUDIA * CONNY * DIETER * DORIS * EDI * ELVIS
EMMI * ERICH * EVA * FALCK * FRANZ * FRITZ * GABI * GA-
BRIELE * GENI * GERDA * GRANIA * GRETE * HANNELO-
RE * HANS * HELGA * HELMA * HENRIETTE * HENRY
HERMANN * HERTHA * HURBI * INGEBORG * INGRID * JIM
JOSEF * JULE * JULIA * JULIUS * KALLE * KAREN * KARL
KATHRIN * LINE * LOUIK * LUDWIG * MÄDI * MARGRET
MARIE-LOUISE * MARKUS * MARLIES * MONIKA * NATALIE
NILS * OTTO * PETER * PHILIP * PIETER * RENA * RITA * SOFIA
TIM-FREDERIK * TRAUDE * ULI * ULLA * URS * URSEL
USCHI WERNER * WOLFGANG * YVONNE

A

WIE

ADELIGES ESSEN

Hallo Änne, hier is Lisbeth … Wat kochst du heute? Die tägliche Frage aller Fragen … hasse noch keine Idee? Ach, irgenswat fällt dir bestimmt noch ein.

Wat *ich* heut koche? Ich brauch mir ausnahmsweise mal nich den Kopf zu zerbrechen, weil ich bei Kathrina und Anton zu Hasenbraten eingeladen bin. Anton hatte bei de Betriebsfeier von seine Firma inne Tombola den ersten Preis gewonnen – einer vonne Chefs is Jäger und der hatte ein'n Hasen als Hauptgewinn gestiftet – und Anton hat doch tatsächlich dat richtige Los gezogen. Mitten inne Nacht wär er ziemlich angetüddelt nach Hause gekommen und morgens lag der Hase der Länge nach auf'm Küchentisch.

Ob Kathrina sich gefreut hat? Nich die Spur! Der Hase war zwar tot, aber noch im Fell, und weder Kathrina und erst recht nich Anton wissen, wie man so 'nem Tier dat Fell über de Ohren zieht.

Ham se bei mir angerufen: Ob ich wüsste, wie man ein'n Hasen pfannenfertig macht?

Ich? Nä, tut mir leid, keine Ahnung.

Ham se's bei unser Tant'Thea probiert, weil der ihren verblichenen Gatte, also unser Onkel Gisbert, war zu Lebzeiten regelmäßig Treiber beim Förster und hat öfter mal vonne Beute wat mit nach Hause gebracht.

„Tant'Thea, wir brauchen deine Hilfe. Kannst du … so und so?"

Tant'Thea wär begeistert gewesen. „Wat? Ihr könnt keinen Hasen ausbalgen? Ich komme sofort. Hängt ne schon mal anne Hinterbeine inne Garage auf."

Änne, dat Schauspiel wollt' ich mir natürlich nich entgehen lassen, also hin! Wie ich da ankomme, is Tant'Thea gerade dabei, dem Hasen mit ein scharfes Küchenmesserken zu Leibe zu rücken.

Also, ei'm Hasen den Bauch aufschlitzen, dat is ja nun nich jedermanns Sache. Auch wenn dat Tier tot is. Ich mochte gar nich so richtig hinkucken, aber weghören ging auch nich, denn Tant'Thea begleitete jeden Arbeitsschritt mit erhobene Stimme – wie 'ne Kochlehrerin inne Volkshochschule im Kursus „Kochen für Anfänger."

„Beim Ausbalgen von ei'm Hasen fängt man beim Waidloch an. Wenn man Glück hat und findet noch'n bisken Losung im Enddarm, also Hasenköttelkes – ja nich wegschmeißen! Denn dat wusste schon Hildegard von Bingen: Aus Hasenköttelkes kann man heiße Umschläge machen für wenn einer Gicht hat oder Probleme mitte Galle. Hat einer von euch zufällig Gicht? Nä? Probleme mitte Galle? Auch nich. Dann ab damit inne Biotonne. Wer will de Pfoten ham?"

Keiner – wozu auch!

„Ha – von ei'm jungen Hasen kann man so gut wie alles brauchen. Ne Hasenpfote zum Beispiel stopfen sich manche Balletttänzer gern vorn in ihre engen Hosen, als Talismann oder wie oder wat. Aber von euch is ja keiner Balletttänzer, also ebenfalls ab inne Biotonne. Wer hat Interesse anne Ohren – beim Hasen heißen die Löffel? Auch keiner? Die kann man sich über de Haustür hängen, dann hören die alles, wat inne Nachbarschaft passiert, geben dat ans menschliche Gehör weiter und man is immer auffem Laufenden. Und dat Gekröse wird möglichst bei Mondschein irgenswo im Garten verbuddelt, dat vertreibt de Maulwürfe. Aus'm Fell machten sich de armen Leute früher 'n Kragen oder 'n Muff, aber beides is heute unmodern, also auch weg inne Biotonne. Aber vorher dat weiße Schwänzken abtrennen, de sogenannte Blume. Die lässt man trocknen und legt se bei Gelegenheit ein'm jungen Ehepaar inne Hochzeitsnacht unter de Matratze, dat dat bei denen mit'm Nachwuchs zügig ans Klappen kommt. Dat is ein uraltes Zaubermittel und wirkt garantiert, denn dat der Hase unheimlich fruchtbar is, dat weiß ja jeder. Hasenfleisch is seit 'm Mittelalter bekannt als Aphrodisikum oder wie dat heißt. Der damalige Papst – Zacharias hieß der, dat hab ich erst letztens inne Heimatzeitung gelesen – also dieser Papst Zacharias soll allen geistlichen Herren und auch den Mönchen inne Klöster den Verzehr von Hasenbraten ausdrücklich verboten ham, denn besonders inne Klöster is ein Aphrodisikum nicht erwünscht, weil damit de klösterliche Ruhe und Andacht möglicherweise gefährdet is, und dat soll ja nich."

So ging dat pausenlos. Wir ham nur so gestaunt, dat Tant'Thea dat ganze waidmännische Fachwissen noch im Kopp hatte, besonders dat mit dem Aphrodisikum. Aber sie sagte bloß, dat hätte sie selber erfahren, dat anne erotisierende Wirkung von Hasenbraten wat dran is, jedenfalls bei Männern. Ihr Gisbert selig hätte oft genug ein'n toten Hasen mitgebracht, den hätte sie schön zubereitet und da hätte sie durchaus angenehme Erinnerungen dran. Wurde se sogar 'n bisken rot bei.

Anton winkte ab: Dat mit dem Aphrodisikum wär finsterer Aberglaube, er selber hätte jedenfalls bei Hasenbraten noch nie, nichmal andeutungsweise, sowat wie 'ne stimulierende Nebenwirkung gespürt. „Ja, leider", murmelte unser Kathrina, wat Anton aber überhörte. Stattdessen zitierte er ein'n Zweizeiler von irgenseinem Kochgenie aus'm Fernsehen:

Ein Hase reicht für sieben Esser
und aufgewärmt schmeckt er noch besser.

Kathrina jedenfalls hat den Hasen nach Tant'Thea ihre Anweisungen lecker gebraten, aber is reichlich wat bei übrig geblieben, deshalb sind Tant'Thea und ich heute zum adeligen Essen eingeladen und meine Küche bleibt heute kalt.

Wie bitte? Warum Hasenbraten ein „adeliges" Essen ist? Änne, dat weißt du nich? Dat weiß hier im Münsterland doch so gut wie jede Hausfrau: Nich der Hase als solcher is adelig – jedes aufgewärmte Essen is „adelig", nämlich

VON gestern. Und schmeckt immer besonders lecker – dat wusste schon Wihelm Busch, der seine Witwe Bolte in Bezug auf ihr'n Sauerkohl sagen ließ: „...Wofür sie besonders schwärmt, wenn er wieder aufgewärmt." Also ich hab extra nur wenig gefrühstückt, damit ich gleich beim „adeligen Hasenbraten" tüchtig zuschlagen kann.

B

WIE

BERTAS BÜTTERKES

Hallo Änne, hier is Lisbeth ... hasse heute früh schon Zeitung gelesen? Beim Frühstück de Zeitung lesen, so fängt der Tag bei mir an – auch wenn nich immer wat Interessantes drinsteht. Heute Morgen aber doch. Da war unter der Überschrift „Drei-Gänge-Menü für Schulkinder?" 'n Foto zu sehen mit ei'm Haufen unordentlich über'nander gestapelte weiße Suppenkümmkes* mit übergeschwappte Reste von Möhrensuppe, wat wohl der Beweis sein sollte, dat den Kindern de Suppe bei de Mittagsbetreuung wieder mal nich geschmeckt hat.

Ich hatte den Artikel noch nich ganz gelesen, da klingelte schon dat Telefon – um viertel nach acht: Tant'Thea. De Stimme nach war se kurz vor'm Ausrasten. Ich konnte quasi durchen Hörer sehen, dat se 'n hochroten Kopp hatte.

„Lisbeth, hast du dat gelesen, wat de Elternschaft von wat weiß ich welche Schule neuerdings verlangt? Die Kö-

chinnen vonne Mensaküche sollen sich gefälligst mal 'n paar Menüs für de Blagen einfallen lassen, dat die mit Freude und Appetit essen und de Reste vonne Mahlzeit nich im Ausguss landen. Ham die Eltern noch alle Tassen im Schrank? Jetzt schreib ich endlich mal 'n Leserbrief, aber hallo! Wat sachs du dazu?"

Änne, wat sollte ich sagen? Wat mäkeligen Schulkindern heutzutage schmeckt, da hab ich doch keinen blassen Schimmer von. Trotzdem hab ich wie mit Engelszungen geredet, dat Tant'Thea ihr'n Blutdruck wieder auf normal runterkriegt.

Wenn ich den Artikel richtig verstehe, so ham sich da offenbar besorgte Eltern zusammengetan und die vonne Schulleitung beauftragt, dat die sich wat einfallen lassen, dat ihre Brut wenigstens inne Mittagsbetreuung wat Gesundes zwischen de Zähne kricht, weil de heutige Jugend sich hauptsächlich nur noch von Pommes, Hamburgern und Pizza ernährt und immer dicker wird. Aber soll ich mir wegen de Fettleibigkeit von anderleuts Blagen den Kopp zerbrechen? Wo unsereins doch genug eigene Probleme hat mitte ‚Dreifaltigkeit' umme Taille?

Aber Tant'Thea – immerhin is die über achtzig – war nich zu bremsen: Sie könnte sich nich erinnern, dat in *ihre* Jugend – kurz nach'm Krieg – sich je einer drum gekümmert hat, ob sie *gesund* ernährt würden: Ihre Eltern hätten oft Sorgen genug gehabt, dat de Familie überhaupt irgenswie satt wurde. Allein, wat Theas Mama sich jeden Morgen hätte einfallen lassen müssen, wat se ihre Kinder aufs Schulbrot schmieren sollte. Mehr als Margarine und 'n Klacks Vierfruchtmarmelade hätte die doch nie zur Verfügung gehabt, weil Theas Eltern damals sogenannte „Normalverbraucher" waren im Gegensatz zu den sogenannten „Selbstversorgern", den Bauern.

Und dann fing se an, von dem Stapel Bütterkes zu schwärmen, den ihre Banknachbarin Berta inne große Pause immer aus ihrem Tornister gekramt hätte. Heute geben de Mütter ihr'n schulpflichtigen Blagen ja kein Bütterken mehr mit, sondern 'ne Lunchbox mit mindestens drei eingeteilte Fächer: eins für Obst, eins für 'ne Milchschnitte und eins für wat weiß ich. Aber in Tant'Theas Schulzeit krichten alle Schulkinder für de große Pause 'n Bütterken mit. In andere Gegenden hießen die Stulle oder Schrippe oder Dubbel** oder „Knirfte***. Hier im Münsterland war und is 'n Pausenbrot eben 'n „Bütterken", weil auf 'n richtiges Bütterken gehört gute Butter und irgenswie ein Belag.

Wat Berta angeht, die soll immer dick gute Butter auf ihr'm selbstgebackenen Stuten gehabt ham, denn Berta kam vom Bauernhof. Die hatten Hühner und Kühe und Schweine und noch anderes Viechzeug und deswegen hatte Berta immer wat besonders Leckeres auf ihr'm Bütterken – entweder Leberwurst oder Jagdwurst oder Schinken. Und freitags, wenn de Katholischen kein Fleisch essen dürfen, hätte Bertas Mama ihr immer 'n Bütterken mit Rührei drauf eingepackt – immer zwei dicke Schnitten.

Tant'Theas Eltern aber hatten 's nich so üppig. Und darum krichte Thea meistens nur 'ne Doppelschnitte „Königskuchen" mit.

Königskuchen? Dat wär 'ne freundliche Umschreibung für goldgelbes Maisbrot gewesen, sagt Tant'Thea – dat einzige Brot, wat's damals zu kaufen gab. Und dieser „Königskuchen" sah zwar toll aus, war aber knochentrocken und schmeckte nach nix, musste immer in ziemlich dünne Scheiben geschnitten werden, wurde sparsam mit Margarine und Vierfruchtmarmelade bestrichen und in Butterbrotpapier eingewickelt. Bloß – die Marmelade matschte grundsätzlich durch, war also vonne Textur, wie man dat heute nennt, ein einziges klebriges Gedöns und lag de Kinder stundenlang schwer im Magen. Aber Berta mochte den süßen „Königskuchen" von Thea lieber als ihre eigenen Luxusbrote und fragte fast jeden Tag, ob se wieder Pausenbrote tauschen könnten. Vleicht auch deswegen: Berta durfte immer nur das leere Butterbrotspapier wieder mit nach Hause bringen, orntlich glattgestrichen und zusammengefaltet. Weil – dat musste eine Woche halten. Immer nur montags morgens gab's 'n neues Butterbrotpapier. Deswegen lag damals auch nich überall zerknülltes Papier inne Sträucher und Hecken.

„Mit Berta Bütterkes tauschen? Da denk ich noch oft dran, mit welche Hingabe ich die verzehrt hab. Und de heutigen Blagen? Ob die ihre ,Lunchbox' immer leeressen? Jedenfalls lassen se laut heutigem Zeitungsbericht ihre vitaminreiche Möhrensuppe im Suppenkümmken aus weißem Porzellan oft stehen oder schütten se weg. Nä, geh mir los. Ich schreib jetzt 'n deftigen Leserbrief."

Zack! Aufgelegt! Wat sollt' ich machen?

Nachmittags hab ich Tant'Thea angerufen: ob se sich wieder beruhigt hätte?

Jaja, dat mit dem Leserbrief hatte se sich schon abge-
schminkt, dat wär schon kein Thema mehr, denn: „Lisbeth,
unsere Kinderzeit? Die kann man mitte heutige Zeit nich
vergleichen, dat hab ich inzwischen eingesehen. Und doch –
man kommt irgenswie ins Grübeln, wenn man morgens
inne Heimatzeitung auf nüchternen Magen so 'n Beispiel
von Lebensmittelverschwendung serviert kricht. Aber eines
steht fest: Bertas Bütterkes vergolden mir noch immer die
Erinnerung an meine Schulzeit. Ob dat de heutige Jugend
mit dem Inhalt von ihre Lunchbox auch so ergehen wird?"

*   umgangssprachlich für Suppenschüsselchen
**   aus der Umgangssprache des Ruhrgebietes
***   aus der Umgangssprache Masematte

***

C

WIE

COUSCOUS, CURRY UND CUMIN

Hallo Änne, hier is Lisbeth … hasse 'n Moment Zeit für 'n Schwätzchen? Nich dat dir inne Küche wat anbrennt? Also:

Unser Yvonne sammelt Kochbücher und hat schon mindestens dreißig – vierzig Stück. Warum? Dat musse mich nich fragen. Dat musse überhaupt kein'n Sammler fragen, wat der Grund für seine Sammelleidenschaft is. Manche sammeln Sammeltassen, manche Kaffeekannen, manche altes Spielzeug, manche Taschenuhren – und unser Yvonne sammelt eben Kochbücher.

„Jedem Tierchen sein Pläsierchen", sag ich immer.

Und diesmal hat Yvonne im Internet ein ganz altes entdeckt: „Praktisches Kochbuch" von Henriette Davidis, 'ne Pastorentochter aus Sprockhövel. Natürlich gibt dat nich mehr de Erstauflage von 1844, die wär ja vermutlich unbezahlbar, aber ein'n preiswerten Nachdruck hat se gefunden und sich kommen lassen. Ob ich mir den mal ausleihen

dürfte, hab ich gefragt, weil so historische Rezepte, die intressieren mich wohl.

„Zum Nachkochen sind aber nich alle geeignet", hatte
Yonne mich gewarnt, und tatsächlich: Wer will schon für
sich oder seine Gäste „Krammetsvögelsuppe" auf 'n Tisch
stellen? Krammetsvögel sind Wacholderdrosseln und die
stehen auffe rote Liste. Wenne mal dat seltene Glück hast
und du siehst eine in deinem Garten und kannst zufällig 'n
Foto von machen, dann kommste mit dem Bild inne Zeitung, so selten sind die inzwischen.

Und wie wärs mit „schwäbische Pfauenpastete" und mit
„Austern, gebacken"? Solche Rezepte hat Henriette Davidis
bestimmt nicht für sich oder andere Pastorentöchter notiert.

Nä, so gesehen kannste dat meiste in dem Buch vergessen, aber ansonsten muss man Respekt ham davor, wat die
damals an Rezepten und Tipps zusammengetragen hat. Und
alles von Hand aufgeschrieben, fast vierhundert Seiten.

Fotos? Fehlanzeige! Daguerre, dem Erfinder der Foto-
grafie, wär dat damals im Traum nich eingefallen, sich mit
„Food-Design" zu beschäftigen. Nich so wie heute, wo du
mit dei'm Smartphone dein Sonntagsessen ablichten und via
App de halbe Welt oder zumindest de ganze Verwandtschaft
mit belästigen kannst.

Aber um nochmal auf Henriette Davidis zurückzukom-
men: Außer diese oben genannten etwas abartigen Rezepte
sind immer noch viele, viele in dem dicken Buch, wo man
sich auch heute noch nach richten könnte, z. B. „Zwiebel-
soße" oder „Dampfnudeln" und „Pflaumenknödel" undundund.

Und wat mir noch aufgefallen is: De Hausfrauen zu Henriettes Zeiten wird zwar empfohlen, jede Menge frische Gartenkräuter zum Kochen zu benutzen, nich nur Schnittlauch und Petersilie, sondern auch Dill, Liebstöckl, Majoran und Thymian, Sauerampfer, Bohnenkraut, Kerbel und Kapern. Aber an Gewürzen hatten die nich viel mehr als Salz und Pfeffer, Kümmel, Muskatnuss, vleicht noch Wacholderbeeren und Lorbeerblatt und zum Backen Vanille, Zimt und Nelkenpulver. Wenn ich dat vergleiche mit dem, wat heute *zusätzlich* inne meisten Gewürzregale steht: Dreierlei Paprika, zweierlei Curry, Peperonischoten, Cumin bzw. Kreuzkümmel, Kurkuma, Baharat, Tandori, getrockneter Salbei, Koriander und Knoblauch, Sambal Oleg, Harissa, Piment – und dat is längst nich alles. Dazu kommen die ganzen Würzsoßen: Ketchup, Worcestershire-Sauce, Maggi, Sojasoße, Austernsoße, Tabasco, – zig Sorten Senf und wat nich alle. Da konnte Henriette natürlich nix zu sagen, denn all diese Gewürze kannte man 1844 alle noch gar nich.

Und heute? Unser Yvonne hat natürlich dat ganze Sortiment in ihr'm Gewürzregal und benutzt dat auch, und wenn ich dann und wann bei ihr zum Essen eingeladen bin, dann schmecken mir diese ganzen kulinarischen Neuheiten auch, aber ich selber tu mich mit Ausprobieren noch 'n bisken schwer. Aber wat se mir letztens aufgetischt hat, dat war sowat von lecker, dat ich se um dat Rezept gebeten habe.

Dat nannte sich „Couscous" und is mit Lammfleisch. Und man braucht dazu die meisten von diese ganzen fremdländischen Gewürze und mehrere Sorten Gemüse: Tomaten, Zucchini und vor allem Kichererbsen. (Kichererbsen gab's in Sprockhövel 1844 offenbar auch noch nich.) Und dazu isst man Couscous, dat gibt's im Päcksken – is 'n bisken wie Hirsebrei und lecker! Oder notfalls Reis. Überhaupt: hasse mal überlegt, wie viele Sorten Reis dat heutzutage bei uns gibt? Basmati und Patna und Arborio für Risotto und besonderen Reis für Milchreis und noch extra Sorten für Paella, wat besonders in Spanien beliebt is.

In dem Kochbuch von Henriette Davidis is nur von *einer* Sorte Reis die Rede.

Änne, wenn ich Yvonnes Rezept erst hab und auch alle die neuen, fremdländischen Gewürze, dann lad ich dich ein. „Couscous" wirst du auch mögen. Omas Eintopf in allen Ehren – aber man muss ja auch kulinarisch 'n bisken mitte Zeit gehen.

D

WIE

DINNER MIT DICHTERN UND DENKERN

Guten Morgen, Änne – hier is Lisbeth. Alles Gute im Neuen Jahr, Gesundheit und wat man sich so wünscht. Bisse gut reingekommen? Du hast geschlafen? Ja, wat sich de Programmgestalter heutzutage zu Silvester ausse Finger saugen – da kannste tatsächlich besser schlafen gehen. Ich hatte mir de Programmzeitung auch angekuckt und dachte noch so – au weia! Und war froh und erleichtert, als Tant'Thea anrief und Kathrina, Anton und mich zum Silvester-Dinner einlud. Und zwei von ihre alten Freundinnen kämen auch, Ingrid und Marlies, so nach dem Motto: Zusammen is man weniger allein.

Waren wir also zu sechs Leuten. Du, und dat war *richtig schön!* Tant'Thea is ja immer für 'ne Überraschung gut, aber wat se sich diesmal hatte einfallen lassen, dat war wirklich wat Besonderes: Wir sollten nämlich um Himmels Willen nix mitbringen, sie wär alt und hätte Stehrümchen genug. Aber sie wünscht sich, dat jeder irgenswann im Laufe des Abends 'n Gedicht aufsagt, und zwar auswendig. Entweder eins ausse Schulzeit – wir mussten in unsere Jugend ja alle naselang 'n Gedicht auswendig lernen – oder könnte auch wat Modernes sein, Dichter und Denker gäb's ja nach wie vor. Aber auch wer selber wat dichten kann darf dat aufsagen. „Hauptsache, wir müssen nich bis Mitternacht über Krankheiten oder Politik oder womöglich über andere Leute reden. Und vor allem nich über Enkelkinder."

Tant'Thea sagt, wo immer sie in letzte Zeit hinkäm, wären de Enkelkinder Thema Nr. 1. „Jede Oma kramt ihr Smartphone raus und dann muss man de Enkel bestaunen und loben. Und natürlich hat jede Oma de weltweit intelligentesten und schönsten Enkel überhaupt. Dat is für Leute, die selber keine Enkel haben, 'ne echte Zumutung! Also: kramt meinswegen inne hinterste Schublade von euerm Gehirn und bringt 'n Gedicht mit zu ei'm ,Dinner mit Dichtern und Denkern'. Ich koch euch auch wat Leckeres."

Ich also bei Anton und Kathrina angerufen, und natürlich war'n die von Tant'Theas Einladung genauso begeistert wie ich. „Wat bringen wir ihr mit?"

Nix, sie hätte Stehrumchen genug, abei jeder muss 'n Gedicht aufsagen, auswendig!

Anton fiel hörbar de Kinnlade runter. „Ich soll 'n Gedicht aufsagen? Auswendig? Kann ich nicht mehr."

„Ach, dir wird schon wat einfallen", sagte Kathrina. „Hast ja noch Zeit zum Nachdenken. Ich kann noch ,Dat

Pöggsken'* von Augustin Wibbelt, ohne Stottern. *Pöggsken sitt in 'n Sunnenschien ..."*

Änne, ich selber musste erst überlegen: Wat kann ich noch auswendig? Hab de längste Zeit in meinem Gehirn nach ei'm Gedicht gekramt, aber mir fiel nur Annette von Droste-Hülshoff und ihr „Knabe im Moor" ein. Den hatt' ich tatsächlich noch auf 'm Schirm, musste nur einmal in meinem alten Lesebuch nachschlagen.

> *Oh schaurig ist's übers Moor zu geh'n,*
> *wenn es wimmelt vom Heiderauche,*
> *sich wie Phantome die Dünste dreh'n*
> *und die Ranke häkelt am Strauche.*

Dat ham wer damals bei Lehrer Wulff lernen müssen und auswendig aufsagen – mit Betonung!

Wir uns also nett angezogen – Silvester is ja nich jeden Tag, und war'n wer gespannt, wat für 'n Gedicht sich die anderen wohl ausdenken würden.

Aber erstmal gab's 'ne fröhliche Begrüßung und dann orntlich wat vor de Gabel: Als Vorspeise 'ne klare Brühe mit Einlage, dann Gänsekeulen mit Klößen und Rotkohl und Preiselbeeren – hm! Tant'Thea hat's wirklich noch drauf mit Kochen.

Und dann kam dat erste Gedicht derekt nache Suppe: Ingrid meldete sich freiwillig. Kathrina und ich mussten schon lachen, als wir nur den Titel hörten. Da kamen Erinnerungen hoch!

Der Ring des Polykrates

Er stand auf seines Daches Zinnen
und schaute mit vergnügten Sinnen
auf das beherrschte Samos hin.
„Dies alles ist mir untertänig",
begann er zu Ägyptens König,
„gestehe, dass ich glücklich bin."

Ingrid konnte wahrhaftig noch sämtliche Strophen, aber schon bei de ersten fiel mir Holtermanns Bernd ein. Der musste dat seinerzeit aufsagen, natürlich auch auswendig. Wie alt mögen wer damals gewesen sein? Vierzehn? Fünfzehn? Egal – Holtermanns Bernd erhob sich polternd aus seine Bank, stellte sich vor de Klasse, verbeugte sich und fing an:

Friedrich von Schiller
Der Ring des Polykrates

Er saß auf einem Sack voll Linsen
und schaute mit vergnügtem Grinsen
auf zehn belegte Brötchen hin.
„Dies alles ist mir viel zu wenig",
begann er zu Ägyptens König,
„gestehe, dass ich hungrig bin."

Schon nache zweite Zeile war Lehrer Wulff aufgesprungen, fing an zu zittern, kuckte Bernd mit hochrotem Kopf wütend an – wir trauten uns nicht zu lachen – und nache letzte Zeile haute er ihm – zack! rechts und links zwei saftige Ohrfeigen an'n Kopp.

„Du Kulturbanause! Was fällt dir Schnösel ein, einen Text von einem der größten deutschen Dichter zu verhohnepiepeln! Du Buerntrampel, du Däöskopp, du Dämelack, du du du …"

Wir hatten gar nich gewusst, dat Lehrer Wulff Platt konnte, aber in seine Wut holte er sein ganzes Register von plattdeutsche Schimpfwörter raus, krichte zwischendurch kaum Luft. „Du Schnottliäppel, du Jesemännken, du Hahnepampel!" Und schließlich: „Zur Strafe schreibst du bis morgen dat ganze Gedicht dreimal ab – in Schönschrift!"

Ich werd nie vergessen, dat Bernd sich nur grinsend wieder in seine Bank schob und auf sein'n Platz fallen ließ, dat Lehrer Wulff sich de ganze Stunde nich wieder einkrichte, dat Klassenbuch rausholte, Holtermanns Bernd eintrug und uns vorzeitig inne große Pause schickte: „Das wird noch Folgen haben!"

Aber Bernd wurde auf'm Schulhof als Held gefeiert und die ganze Klasse konnte seinen Text ruckzuck auswendig – und ich bis heute.

Plötzlich hatte jeder Dinner-Gast wat aus seine Schulzeit zu erzählen und es wurde viel gelacht – und viel gesüppelt.

Nach'm Hauptgang und 'ne weitere Flasche Wein war ich mit meinem „Knaben im Moor" dran. Hat ganz gut geklappt. Und alle ham gestaunt, dat ich den tatsächlich noch auswendig hingekricht hab.

Und dann kam Kathrina anne Reihe. Stand auf, machte 'n Knicks und legte los:

Augustin Wibbelt

Dat Pöggsken

Pöggsken sitt in'n Sunnenschien.

O, wat is dat Pöggsken fien

met de gröne Bücks!

Pöggsken denkt an nix.

Kümp de witte Gausemann,

hät so raude Stiewweln an,

mäck en graut Gesnater.

Hu, wat fix

springt dat Pöggsken met de Bücks,

met de schöne gröne Bücks,

met de Bücks in't Water!

Applaus, Applaus! Dat hatten fast alle mitsprechen können, nä, wat schön!

Zu der Zeit war der Abend natürlich schon ziemlich fort-
geschritten und wir hatten alle deutlich ein'n im Timpen, als
Anton aufstand, 'n Diener machte wie damals Holtermanns
Bernd und sich an Tant'Thea wandte.

„Liebe Tante Thea. Du hast mit deiner heutigen Einladung zu einem ‚Dinner mit Dichtern und Denkern' neue
Maßstäbe gesetzt, und Ingrid hat vorhin dankenswerter
Weise bereits ein Werk von einem unserer größten Dichter,
nämlich Friedrich von Schiller, zitiert. Da darf dessen noch
berühmterer Dichterfreund, nämlich Johann Wolfgang
von Goethe, an einem Abend wie diesem nicht fehlen. Im
Gegensatz zu deinem langen Beitrag, liebe Ingrid, ist meiner nur kurz. Dennoch finde ich ihn erwähnenswert, da er

möglicherweise ein neues, vielen noch unbekanntes Licht auf unseren großen Dichterfürsten wirft. Also:

Johann Wolfgang von Goethe

Gerne der Zeiten gedenk ich,
Da alle Glieder gelenkig – bis auf eins.
Die Zeiten kommen nicht wieder –
Steif sind alle Glieder – bis auf eins.

Keine Hand rührte sich! Schrecksekunde! Stille!

Anton verbeugt sich, schnappt sich sein Glas und kippt den Inhalt in eins runter. Kathrina hatte rote Ohren und rote Bäckskes gekricht, Ingrid und Marlies kucken irritiert von einem zum andern – nur Tant'Thea fing laut an zu lachen, lachte, lachte und fiel fast vom Stuhl. „Stellt euch vor, dieses Gedicht hätte Holtermanns Bernd damals vor versammelter Klasse aufgesagt – Lehrer Wulff hätte der Schlag getroffen und Holtermanns Bernd wär vonne Schule geflogen und in eine Besserungsanstalt gelandet, hahahaha ...“

Und erst jetzt lachten wer endlich alle.

Ungläubiges Staunen. „Is der Text tatsächlich von unserm Dichterfürsten, von Goethe? Dat is ja beinah schon Schweinkram. Ob der vleicht doch 'n heimlichen Sliekenfänger** gewesen is und keiner traut sich dat zu sagen?“

Tant'Thea stellte de nächste Pulle auffen Tisch, holte den Nachtisch rein, kuckte auffe Uhr und sagte: „Noch is nich Neujahr, Marlies, jetzt bis du dran.“

Aber die war natürlich zu dem Zeitpunkt auch schon nich mehr hundertprozentig standfest, hielt sich aber tapfer

anne Tischkante fest und fing an: „Thea, du hattest ja gesagt, man dürfte auch wat Selbstgedichtetes aufsagen, also:

Mein Münsterland

Der echte Münsterländer und die Münsterlanderin
die ham so recht mit hohe Berge nix im Sinn.
Bergauf-bergab mit immer schrägen Füßen,
dat können Münsterländer nich genießen.
Wir fahren lieber ganz entspannt mit'm Rädken,
durch Wald und Feld auf tellerflache Pättken.
Man wird vom sanften Rückenwind getrieben,
und inne Berge musst' dein Rädken schieben.
Und dann im Abendrot beim nächsten Kneipenwirt
wird dir zum Schinkenbrot ein kühles Bier serviert,
und ... und ... und ...“

Marlies hatte rote Flecken auffe Backen. „Den Schluss
hab ich nich mehr fertiggekricht, vleicht könnt ihr ...“
Plumps, ließ se sich wieder auf ihr'n Stuhl fallen.

Großes Gelächter. Hahaha ... Tant'Thea wischte sich mit
ihre Serviette de Lachtränen vonne Brille.
„So, dann essen wer jetzt den Nachtisch und danach müssen wer uns konzentrieren und kucken, dat wer 'n schönen
Schluss für Marlies ihr wunderbares Gedicht hinkriegen."
De leeren Gläser wurden neu gefüllt – Alkohol soll ja
angeblich den Geist beflügeln ... Und dann ging's los.
Änne, da kamen Textvorschläge! „Reim dich oder ich
fress dich."

Aber – wat für 'ne Blamage: Marlies hatte *alleine* 'n ganzes langes Gedicht gedichtet und wir als *sechsköpfige* Dinnergesellschaft ham keine einzige Zeile geschafft, weil wer vor Lachen fast unterm Tisch gelegen ham.

Auf mal fangen draußen Geböller und Glockenläuten an – Zwölf Uhr! Frohes Neues Jahr! Da hatten wer vor lauter selber dichten und denken total de Zeit und den Jahreswechsel vergessen.

Änne, wenn dat Neue Jahr nur halb so lustig wird, wie das alte Jahr aufgehört hat, dann stehen uns fröhliche Zeiten bevor.

   * Verkleinerungsform von Pogge (Frosch)
   ** Leisetreter, wörtlich: Schlangenfänger

***

34

E

WIE

EIN GUTER BRATEN

Änne, ich kanns nur immer wieder sagen: Wat is uns alles erspart geblieben! Wie oft hört man dat von altgediente Ehefrauen, dat Ehemänner einem dat ganze Gefühlsleben ruinieren können, und wie! Wegen nix und wieder nix. Ergebnis: Ehekrach.

Einklich soll'n Ehekräche von Zeit zu Zeit völlig normal sein, hab ich mal irgenswo gelesen, denn pausenlos „Friede – Freude – Eierkuchen" gibt's nirgends. Aber wat letzte Woche bei Anton und Kathrina los war …

Ob dat womöglich anne Windrichtung liegt oder am Vollmond? Ich blick da nich durch, jedenfalls war's bei Anton und Kathrina wieder mal soweit. Anton muss sich wohl irgenswie von seine weniger charmante Seite gezeigt ham und Kathrina hatte ernsthaft überlegt, wie se ne umme Ecke bringt, ohne dat se sich juristischen Stress und womöglich 'n paar Jahre Zuchthaus einhandelt. Ob „seelische

Grausamkeit" für mildernde Umstände bei Gattenmord anerkannt wird? Jedenfalls: Anton hatte sei'n Chef mit Frau zum Abendessen eingeladen, und Kathrina war für ihre Kochkunst in höchste Töne gelobt worden. Die hatte sich aber auch wat einfallen lassen: Hechtpastete als Vorspeise und perfekt rosa gebratenes Roastbeef als Hauptgericht mit zig Beilagen und der Chef und seine Frau hätten sich vor Begeisterung gar nich wieder eingekricht und Wilhelm Busch zitiert:

„Es wird mit Recht ein guter Braten / Gerechnet zu den guten Taten." Und dann als Krönung zum Dessert King Edward's Trifle zum Nachtisch …

„Köstlich! Ausgezeichnet! Delikat!"

Über die Komplimente hätte Kathrina sich aber nur kurz freuen können, weil Anton offenbar zu der Sorte Männern gehört, die dat um nix inne Welt ham können, wenn ihre Frauen von jemand gelobt werden und sie sitzen daneben, müssen sich dat anhören und kriegen von dem Lob nix ab.

Auf einmal hätte Anton Kathrinas Hand genommen, gönnerhaft getätschelt und gesagt: „Jaja, heute hat meine Frau mit diesem Roastbeef wirklich eine gute Tat vollbracht. Aber kurz nach unserer Hochzeit hätte ich mich nich getraut, Sie zu uns einzuladen. Nur unter meiner strengen Regie hat sie sich im Laufe der Jahre zu einer ganz passablen Köchin entwickelt. Ohne meine täglichen Verbesserungsvorschläge hätte sie Ihnen bis zum heutigen Tag noch nich mal Pellkartoffeln servieren können. Und heute? Mal schmeckt's, mal schmeckt's besser, nich wahr, Schatz?"

Kathrina is seit Jahren an solche oder ähnliche unqualifizierte Sprüchskes gewöhnt und steckt die normalerweise locker weg – immer nach dem Motto: „Ein Ohr rein, annere Seite wieder raus!" Die war nämlich schon vor ihrer Hochzeit 'ne hervorragende Köchin. Aber dat er jetzt in Gegenwart von sei'm Chef so tut, als wäre sie ohne Antons Hilfe quasi immer noch 'ne Änfängerin am Herd – nä, da is ihr doch wohl de Galle bei hochgekommen, hätte innerlich zwar gekocht vor Wut, aber hat zustimmend gelächelt und den Mund gehalten.

Änne, um ehrlich zu sein: Alles in allem soll Anton als Ehemann nich wirklich 'n Fehlgriff gewesen sein, aber ich an Kathrinas Stelle hätte ne längst inne Wüste gejagt. Weil – wenn's ums Essen geht isser ein unausstehlicher Knötterpott und Nörgler. Wobei er selber nich mal 'n Spiegelei hinkricht ohne dat dat Eigelb ausläuft, aber Kathrina immer mit seine Verbesserungsvorschläge nervt. Und dann ewig dieses: „Damals, bei meiner Mutter …"

Zum Beispiel wird Anton nich müde, vom Sonntagsbraten von seine Mutter zu schwärmen. Der wär' immer innen saftig und zart und außen braun und knusprig gewesen, und dabei hätte die weder 'n Römertopf noch 'n modernen Dampfgarer noch 'n Thermofix oder 'n anderen modernen Schnickschnack zur Verfügung gehabt. „Und erst die leckere Tunke, die's dazu gab! Da hat man sich schon die ganze Woche drauf gefreut: de goldgelben Salzkartoffeln mitte Gabel zermanschen und dann die Tunke drüber und den Braten dabei und Erbsen und Würzelkes …"

Kathrina sagt, wenn Anton von „damals bei meiner Mutter" erzählt, dann kricht der sowat von glänzende Augen, dat man denkt, gleich fließen Tränen.

„Und alles ohne Maggi oder Knorr oder ‚Bratensoße aus der Tube' oder andere künstliche Zaubermittel, wo de heutigen Hausfrauen ihre mangelhaften Kochkünste mit wegmogeln können …"

Wenn Anton mit „damals, bei meiner Mutter" anfängt, dann is für Kathrina der Tag gelaufen. Und wenn dann noch der Nachsatz kommt: „Warum is dein Schweinebraten so trocken und faserig? Wie schade, dat meine Mutter ihr Rezept für'n anständigen Braten und de entsprechende Soße mit ins Grab genommen hat", dann bedauert auch Kathrina aus tiefster Seele, dat Antons Mutter tot is, weil jetzt kann se ihm schlecht umme Ohren hauen: „Dann geh doch zurück zu deiner Mutter, und zwar dalli".

Aber sie wehrt sich. „Dann verrat mir mal 'ne Adresse, wo man Fleisch in der Qualität von damals kaufen kann: Fleisch von Schweinen, die draußen auffe Wiese und im Wald frei rumlaufen dürfen und nich zu hunderten in enge Ställe eingepfercht sind, die sich inne Matsche suhlen können, denen man Zeit lässt, bisse schlachtreif sind und die gefüttert werden mit Eicheln und Grünzeug und Getreide, wo nich tonnenweise Antibiotika druntergemischt werden." Wenn er ihr so 'ne Quelle verriete, dann würde sie sich durchaus zutrauen, ein'n Sonntagsbraten in der Güte wie „damals, bei meiner Mutter" hinzukriegen, ohne dat er ihr mit seine Nörgelei und unqualifizierte Verbesserungsvorschläge auf'n Zeiger geht und sie deswegen Mordgelüste kricht.

Und schon ham se den schönsten Ehekrach zugange und der Haussegen hängt tagelang schief. Dann kann dat manchmal 'ne halbe Ewigkeit dauern, bis die wieder normal mit'nander reden. Aber jetzt, nach diesem Abend, war dat Maß wohl voll und Kathrinas Geduldsfaden gerissen. Kam se weinend zu mir. „Änne, ich hab zwar am Altar versprochen: In Freud und Leid, bis dass der Tod euch scheidet ... aber genug is genug – ich lass mich scheiden! Ich hab mir schon 'n Termin beim Scheidungsanwalt besorgt."

Änne, und jetzt hör gut zu: Wat ich dir gerade erzählt hab, is ziemlich genau acht Tage her. Und heute? Der Himmel hängt bereits wieder mal voller Geigen. Hat der Wind sich gedreht? Is Vollmond? Kathrina war gerade bei mir, Freudentränen inne Augen: Sie hätte gestern Bohneneintopf gekocht, Räucherendchen dabei und wat weiß ich – und Anton hätte gesagt: „Boah, das schmeckt ja wie damals bei meiner Mutter. Nä, sogar besser – wie hast du dat denn geschafft?"

Den Termin beim Scheidungsanwalt hat Kathrina wieder abgesagt.

Änne, wat is uns alles erspart geblieben!

F

WIE

FESTESSEN MIT FAMILIE

Hallo Änne, hier is Lisbeth … Du, ich komm gerade vom Markt, und wen hab ich getroffen? Mia Stapelkötter – schon dat zweite Mal diesen Monat. Dat erste Mal vor ungefähr drei Wochen beim Metzger, wo Mia sage und schreibe zwei Kilo Rindfleisch eingekauft hatte, und darüber war'n wer ans küern* gekommen.

Ich hatte se derekt gefragt: „Mia, wat machst du mit zwei Kilo Rindfleisch? Krichste Besuch?" Nämlich für sich und ihr'n Mann braucht Mia nie und nimmer so viel Fleisch. Denen ihre Kinder sind ja längst aussem Haus und verheiratet und ham selber schon wieder Kinder …

Nä, sagt Mia, sie braucht so viel Gulasch, weil se de Familie mit Kind und Kegel zum Sonntagsessen eingeladen hat, insgesamt fünfzehn Personen. Dat machte sie normal einmal im Jahr, aber de letzte Einladung wär so enttäuschend verlaufen, dat se sich geschworen hatte, dat tät se nich noch mal. Aber dann isse in sich gegangen und hat sich entschlossen, se gibt de Familie noch einmal 'ne Schangse und kocht für alle. „Aber wenn dat wieder so 'n Desaster wird wie letztes Jahr, dann is endgültig Sense mit Familien-Festessen bei Mama und Papa."

Änne, ich war vonne Socken. Wir wissen doch alle, dat gerade Mia Stapelkötter 'ne besonders gute Köchin is – die hatte vor ihre Heirat noch richtig kochen gelernt bei de Nonnen irgenswo im Rheinland, wat 'ne Topadresse war für heiratswillige Mädchen, und Gulasch is eine von ihre Spezialitäten, und ausgerechnet Mias Gulasch soll 'n Desaster gewesen sein?

Und dann hat se mir alles haarklein erzählt.

Sie hätte sich auf den Besuch gefreut und dat Gulasch wär auch wunderbar zart gewesen und nicht zu scharf und überhaupt war alles perfekt, aber: „Lisbeth, ich hätte denen aufgewärmtes Katzenfutter aus de Dose oder Schappi servieren können – die hätten dat gar nich gemerkt. Während der ganzen Mahlzeit daddelte die ganze Bande fast ausschließlich auf ihre doofen Smartphones rum. Dat war ein Gefiepe und Gepiepe, quer übern Tisch zeigten se sich Fotos und Gags, lachten wie nicht gescheit, kleckerten mein bestes Tischtuch voll und alles, wat ich serviert hatte, war totale Nebensache. Um Rudi und mich als Eltern und Gastgeber ham die sich überhaupt nich gekümmert, keine Fragen gestellt außer ganz zu Anfang einmal ‚So, wie geht's? Alles paletti?' Dat war's. Ich merkte nach und nach, dat ich so 'n dicken Hals krichte. Auch Rudi war irgenswie angefressen – und da hab ich den Entschluss gefasst: Dat passiert mir nich noch einmal! Und deshalb hab ich mir für dieses Jahr wat anderes überlegt. Wenn wir uns das nächste Mal treffen, erzähl ich dir, ob mein Plan aufgegangen is."

Und gestern ham wer uns rein per Zufall tatsächlich wieder getroffen. Glückstrahlend kam Mia auf mich zu. Ich war natürlich gespannt wie 'n Flitzebogen.

„Lisbeth", sagt se, „so mach ich's jetzt immer: Ich hatte auf halbeins zum Mittagessen eingeladen. Als de Ersten eintrudelten, hab ich mir mein größtes Tablett geschnappt, mich damit anne Haustür gestellt und mit mei'm freundlichsten Willkommensgrinsen alle Smartphones und Handys einkassiert. Warum? ham se natürlich gefragt. Ich sag: ‚Dat wird 'ne Überraschung'. Du, die waren so perplex, dat se mir all ihre Daddeldinger abgeliefert ham. Elf solche Teile hatte ich schließlich auf mei'm Tablett. Rudi hatte ich eingeweiht, der grinste bloß, brachte dat Tablett in unser Schlafzimmer, machte die Tür zu und ging mitte Familie ins Esszimmer und ich ging inne Küche. Unser Annemie fragte, ob se mir helfen könnte. Ja klar, noch so gerne.

Als wir schließlich mitte dampfenden Schüsseln ins Esszimmer kamen, waren se sich alle fröhlich am unterhalten. Klein-Emelie hatte sich bei Opa Rudi auf'n Schoss gesetzt und hörte mit große Augen und Daumen im Mund zu. So viele menschliche Stimmen auf einmal hatte dat Kind womöglich noch nie gehört.

Und dann wurde gegessen. Und wie die reingehauen ham! Und dazu die Kommentare: ‚Lecker – hmm – darf ich nochmal nehmen? Wat hast du da alles an Gewürzen drin?' Ratzfatz waren dat Gulasch aus zwei Kilo Rindfleisch und

sämtliche Beilagen verputzt. Und wat wir inne Zwischenzeit von unsere Kinder und Enkel alles erfahren ham! Und die ham sogar Fragen an uns gestellt und Rudi kam ins Erzählen.

De Schwiegersöhne räumten schließlich den Tisch ab und brachten den Nachtisch rein, als plötzlich einer vonne Enkel fragte: ‚Warum mussten wir einklich alle unsere Smartphones abgeben? Kommt jetzt die Überraschung?'

‚War dat nich Überraschung genug', hab ich gesagt, ‚wieviel wir uns alle zu erzählen ham, wenn eure Daddeldinger mal Redeverbot ham? Ham wir nich ohne die Spass genug gehabt und viel gelacht?'

Als sich beim Abschied alle ihre Smartphones wieder vom Tablett nehmen und inne Tasche stecken durften, hör' ich noch so grade, wie Justus, dat is unser Annemie ihr'n Ältesten, zu seinem Papa sagte: ‚Hast du gewusst, dat Opa Rudi ganz früher mal Rechtsaußen bei BVB war?'."

Soweit O-Ton Mia Stapelkötter. Ich konnte ihr zu ihre geniale Idee nur gratelieren, denn dat is sicher: Auch mit dem neuesten und teuersten Smartphone der Welt hätte Justus solche Information über sein'n Opa Rudi nie erfahren. Hab ich nich recht? Ich sag's immer wieder: „Man mot bloß met de Lüüde küern."**

* reden
** Man muss nur mit den Leuten reden.

***

44

G

WIE

GEBURTSTAGSKAFFEEKLATSCH

Hallo Änne … schade, dat du gestern nich bei Tant'Thea ihr'm Geburtstagskaffeeklatsch dabeisein konntest. Wie bitte? Ja, hatte se Glück mit ihr'm Datum, denn endlich sind de Corona-Einschränkungen 'n bisken gelockert und se hätte sogar mit zehn Damen ihr'n Geburtstag feiern dürfen, aber so viele – dat hatte se schon im Vorfeld gesagt – wollte se gar nich einladen. Weil: „Wenn zehn Frauen sich nach Monaten endlich wieder treffen dürfen – also dat Geschnäbbel halt ich im Kopp nich aus." Darum waren wir mit Kathrina und mir und natürlich Tant'Thea nur insgesamt acht Kaffeetanten, nämlich Clärchen Watermann, Eigelkamps Gertrud, Mechthild Dröger, Engelmanns Erika und Hannelore Hessling. Aber dat gab schon Geschnäbbel genug.

Erst wurde natürlich gesungen, wie sich dat auf ei'm Geburtstag gehört, aber nich einfach „Happy birthday", auch nich „Viel Glück und viel Segen", sondern die Neufassung von Clärchen Watermann:

Viel Glück und wenig Sorgen,
nicht nur heute, auch morgen,
Gesundheit und Freunde
sei'n auch mit dabei.

Clärchen bastelt ja immer gerne 'n bisken an alte Texte rum und bringt dat Ergebnis dann unters Volk. Ham aber auch alle brav mitgesungen, sogar im Kanon.

Aber dann ging dat Geschnäbbel ungebremst los. Als Erstes natürlich Thema Nr.1: Krankheiten! Dat beliebteste und ergiebigste Dauerthema bei Kaffeeklätsche. Da hat jede wat zu bieten. Eigelkamps Gertrud fing an, von ihre Reha wegen wat weiß ich zu jammern, weil sie irgenswann mal wat weiß ich wo zur Reha war. Ein medizinischer Misserfolg sondergleichen! Bevor se ihre Leidensgeschichte ausführlicher und im Detail schildern konnte, wurde se von Drögers Mechthild ausgebremst, die ihrerseits, noch bevor der Kaffee eingeschenkt war, 'n Beitrag zum Thema „medizinische Misserfolge" am Beispiel von ihre Krampfadernoperation liefern wollte. War se schon dabei, dat linke Hosenbein hochzukrempeln, dat se uns de furchtbaren Narben präsentiert, da brachte Tant'Thea de Kaffeekannen und de Torten rein, und de Damen war'n für geschätzte zwanzig Minuten erstmal abgelenkt.

Natürlich wurde Tant'Theas Backkunst gebührend gelobt, der Kaffee floss in Strömen, de Tortenplatten leerten sich in Windeseile, de Sahneschüsseln wurden leergekratzt – und dann ging's mit Leidensgeschichten und Krankheiten weiter. Aber nach so viel Sahnetorte wollte keiner mehr de Narben von Mechthilds Krampfadern sehen – die krempelte beleidigt ihr Hosenbein wieder runter – dafür klagte Teigelmeiers Erika detailliert über ihre schlechten Krankenhauserfahrungen inne Orthopädie. Nein, wat hatte die alles mitgemacht!

Kathrina und ich räumten noch schnell dat Geschirr inne Küche, Tant'Thea stellte de Pulle mit Eierlikör und de passenden Gläser auf'n Tisch, aber dann legte Erika los.

„Keiner hat sich um mich gekümmert, und wenn ich noch so lange geklingelt hab, ihr könnt euch meine Schmerzen nich vorstellen – seufz."

Und noch ehe 'ne Atempause entstehen konnte, trumpfte Hesslings Hannelore auf. Wat für 'ne Krankheit hatte die noch mal? Richtig, Gürtelrose. Erikas Qualen können jedenfalls nur halb so schlimm gewesen sein wie die von Hannelore damals vor sechs Jahren. „Nein, wenn ich da noch dran denke … Und der Arzt hat mehrmals gesagt, sowat Schlimmes hätt' er in seine dreißig Jahre Berufspraxis noch nich erlebt."

Die Eierlikörpulle machte de Runde, während de Damen sich gegenseitig in aller Ausführlichkeit mit ihre diversen Leiden zu überbieten versuchten.

Kathrina und ich saßen nur da und hörten zu, nämlich mit unsere paar Wehwehchen hätten wer mitte gesundheitlichen Schicksalsschläge vonne andern nich mithalten können.

Bevor de bedröppelte Stimmung endgültig ins Bodenlose kippte, warf Tant'Thea mir 'n Blick zu und verdrehte dabei de Augen nach oben. Und plötzlich hör ich se laut und deutlich fragen: „Habt ihr einklich schon 'n Tannenbaum?"

Stille! Schock! Sendepause! Alle kucken erschrocken nach Tant'Thea hin. Hat die 'n Aussetzer? Muss jemand sofort 112 anrufen?

„Thea? Is wat? Wie kommst du jetzt, Ende Mai, auf'n Tannenbaum?"

Tant'Thea fegt mit eine Hand de Kuchenkrümel vonne Tischdecke und grinst. „Nö, is nix, ich dachte bloß, jetzt wär's mal Zeit für'n Themenwechsel – über eure Krankheiten sind wer nun alle gründlich informiert – jetzt könn'n wer ja mal über wat anderes reden, meinswegen über's lausige Fernsehprogramm oder über Thomas Gottschalk seine wilden Klamotten oder über de Fußball-Weltmeisterschaft im Dezember inne Wüste und wer uns die eingebrockt hat – egal wat, Hauptsache nix mit Krankheiten, da wär mir jetz nach."

Änne, da ham wer alle gelacht und fanden, dat Tant'Thea mehr als recht hat. Und Clärchen Watermann fing plötzlich an zu singen:

Freut euch des Lebens, weil nooch das Läämpchen glüht,
trinkt nooch ein Gläschen, singt nooch ein Lied.

Und dann ham wer tatsächlich über Thomas Gottschalk seine wilden Klamotten gesprochen und über diese extrem blöde Fußball-Weltmeisterschaft in Katar und ob man beim

Thema „Gendern" mitmachen soll und in Zukunft nicht mehr von „Muskelkater", sondern von „Muskelkatze" sprechen muss, undundund. Von da ab hatten wir noch 'n richtig fröhlichen Nachmittag.

H

WIE

HUMMERWOCHEN IM GOURMETTEMPEL

Hallo Änne, hier is Lisbeth – Du, ich kann endlich mitreden, wenn vonne gehobene Gastronomie de Rede is: Vorgestern hab ich tatsächlich dat erste Mal in mei'm Leben Hummer gegessen. Wie dat? Yvonne ihr'n neuen Freund wollte sich wohl von seine beste Seite zeigen und hat uns alle in ein'n Gourmettempel in Münster eingeladen, Kathrina, Anton, Yvonne und mich. Du, dat ich sowat noch erleben darf! Man muss es einmal im Leben mitgemacht ham, wie dat bei vornehme Herrschaften zugeht.

Schon am Eingang stürzten se sich zu dritt auf uns, nahmen uns de Mäntel ab und geleiteten uns an einen großen, runden, rosa eingedeckten Tisch, wo ein rosa Schild mit RESERVIERT drauf stand. Auch der Rest war rosa: de Stoffservietten, de Kerzen, de Rosen in eine rosa Vase.

Ein Ober kam sofort, nahm dat rosa Schild mit RESERVIERT weg, zündete de rosa Kerzen an und brachte für jeden 'ne rosa Speisekarte. Aber – oh Schreck – da dacht' ich schon, der Abend wär für mich gelaufen, denn ich musste feststellen, dat ich meine Lesebrille vergessen hatte. Aber sowat is heutzutage in Lokale von diese Güteklasse offenbar kein Problem: Ruckzuck kam ein anderer Ober und brachte mir ein rosa Etui mit vier rosa Brillen in unterschiedliche Sehstärken. Konnt ich mir eine von aussuchen und de Welt quasi durch 'ne rosarote Brille sehen. Dat hat mich tief beeindruckt. Jetzt konnte ich zwar de Speisekarte lesen, aber wat da an Gerichten aufgelistet stand! Die kannte ich noch nichmal vom Titel her. Oder hättest du gewusst, wat zum Beispiel ein „Cordon bleu à la diable" is oder „Côte de boeuf Provencale"? Siehste – auch für mich waren dat Vokabeln wie von ei'm andern Stern. Der Ober, der für mich zuständig war, muss wohl gemerkt ham, dat ich ahnungslos wie der Ochs vorm Scheunentor war, und schlug er mir schließlich vor, sie hätten gerade Hummerwochen und ich sollte doch mal dat Hummermenü probieren – dat würde mir sicher munden. Man könnte den Hummer im Ganzen oder aber schon ausgelöst ham. Am Nebentisch hatten se gerade einen „im Ganzen" inne Mache und waren se sozusagen mit Hammer und Zange und Stemmeisen zugange, aber weil ich mich ungern blamieren wollte, hab ich lieber 'n „Ausgelösten" bestellt.

Und dann hieß es warten. Erst mal kucken, wat dat mitte vielen unterschiedlichen Bestecke auf sich hat. Man soll se ja immer vonne Außenseite nach innen benutzen, dat hatt ich schon mal gehört. Also: Jeder hatte ein'n großen Löffel und obendrüber ein'n kleinen Löffel vor sich liegen. Außerdem ein Messer und ein Messerchen, zwei Gabeln und ein Gäbelchen, ein'n großen Teller und 'n kleines Tellerchen und insgesamt drei Gläser. Ich dachte noch so, wie gut, dat *ich* dat nich alles spülen muss.

Kathrina erzählte, dat se gerade bei Aldi tiefgefrorenen Hummer im Angebot hätten, und wenn ich hier und heute auf'n Geschmack käme … da kam schon der Wein-Ober mitte rosa Weinkarte, aber nur Yvonne und ihr Freund wollten ein'n trockenen Rotwein trinken, weil die hatten wat mit Wild bestellt. Zu Hummer is ja Rotwein trinken unmöglich, und wenn er noch so trocken is. Warum überhaupt ausgerechnet 'ne Flüssigkeit *trocken* sein muss, is mir schon lange 'n Rätsel, aber soll mir auch egal sein. Anton bestellte sich 'n Bier und Kathrina und ich Wasser, wat dem Ober irgenswie gar nich passte, nämlich er nahm uns de Weingläser wortlos wieder weg.

Nach 'ne Zeit brachte der Wein-Ober den Rotwein für Yvonne und ihr'n Freund. Dat war 'n sehenwertes Zeremoniell: Er hatte die Flasche in Schräglage im Arm liegen – wie 'n schlafenden Säugling – und zeigte vielsagend auf dat Etikett. Yvonne ihr'n Freund kuckte kaum hin, gab aber irgenswie 'n zustimmendes Zeichen, und schon machte der Ober sich anne Arbeit: Erst den Korkenzieher betätigen, dann am Korken schnüffeln, behutsam anne Seite legen und dem Gast 'n Probeschluck servieren. Yvonne ihr'n Freund als Mann von Welt nickte lässig und der Ober durfte einschenken, aber nur so eben Boden bedeckt, wegen de Vornehmheit. Änne, ich konnte nur staunen.

Und dann: Wieder warten, wir wussten beinahe nich mehr, wat wer reden sollten, da kam zum Glück mein Hummersüppchen. So weit so gut – lecker. Um es eleganter auszudrücken: Es mundete mir.

Und wieder warten – nämlich auf den ausgelöster Hummer. Als der endlich kam, hatte ich ne mir vonne Optik her anders vorgestellt.

Wie soll ich ne dir beschreiben? Änne, gut, dat ich de rosa Brille auffe Nase hatte. Der „ganze Hummer, ausgelöst, an einem leichten Champagnerjus" war ein Hühnerei großes Häufchen rosaweißes Gedöns mit einem geschmorten Champion obendrauf, serviert auf ei'm rosa Teller mitte Sättigungsbeilagen drumherum in so 'ne Art Gemüse-Ikebana nach dem Motto „das Auge isst mit": Ein Hügelchen Wildreis, fünf Erbsenschoten, sechs kunstvoll geribbelte Scheibchen Möhren, ein Zahnrad aus Rote Beete und ein Broccoli-Röschen – alles schön anschaulich verteilt.

Wie dat geschmeckt hat? Also alles wat recht is: wirklich nich schlecht, aber bevor meine Geschmacksnerven sich drauf eingestellt hatten, war der Teller schon leer. Der Hummer als solcher schmeckte noch am ehesten nach Champion. Als der Ober kam und fragte, wie es mir gemundet hätte, da wollt' ich ne einklich fragen, ob dat typisch für Hummer wär, dat der nach Champion schmeckt, aber ich hab mich nich getraut, weil alles so vornehm war und ich als Landei mit keine Ahnung vonne haute cuisine … Nä, hab ich gesagt, dat wär alles vom Feinsten gewesen, wat der Ober erfreut zur Kenntnis nahm. Wat die anderen gegessen ham? Hab ich gar nicht drauf geachtet, aber auch irgenswie wat

Gourmettempelmäßiges. Und zum Nachtisch gab's für alle hausgemachte Crème brulée, wild dekoriert mit Schokoschlieren und allerlei Beeren drumrum. Die mach ich zu Hause auch manchmal, wenn auch ohne Deko und natürlich ausse Fertigpackung von Dr. Oetker.

Als wir kurz nach Mitternacht endlich wieder zu Hause waren, ham Anton, Kathrina und ich uns erstmal bei mir inne Küche gesetzt und 'n deftiges Schinkenbutterbrot mit 'ne Scheibe Pumpernickel und 'n Gürkchen drauf vertilgt. Da waren unser Yvonne und ihr Freund aber schon weg.

Trotzdem: Den Abend möchte ich nich missen. Aber dat ich jetzt den Hummer bei Aldi aufkaufe, nä, dat ja nun doch nich. Müllers Nelli hat gestern drei Stück geholt, weil ihr Rudi zum Geburtstag 'n neuen Werkzeugkasten gekricht hatte, und den will er jetzt einweihen. Da kämen ihm die drei Tiefkühlhummer gerade zupass ...

***

I

WIE

INDONESISCH ESSEN

Vor'n paar Tage hab ich plötzlich wieder mal 'n Rappel gekriegt und mein Gewürzregal aufgeräumt.

Einklich sucht' ich bloß de Lorbeerblätter, für dat ich eins im Grünkohl mitkoche, aber die hatten sich so total nach hinten versteckt, dat ich dat ganze Regal ausräumen musste.

Manche sagen übrigens, in'n Grünkohl gehört doch kein Lorbeerblatt, aber ich mag's eben lieber mit. Und orntlich Zwiebeln und Salz und Pfeffer und zum Schluss etwas Muskat mit drin und 'n Löffel Haferflocken zum Binden. Is aber schließlich Geschmacksache ... Endlich hatt ich de Tüte gefunden, war aber leider leer. Also – dat Regal orntlich wieder eingeräumt – und wat fällt mir bei der Gelegenheit inne Finger? Ein fast leeres, eingetrocknetes Gläschen mitte Aufschrift „Sambal Oelek". Kennst du diese mordsmäßig scharfe Gewürzpaste ausse fernöstliche Küche, die ja einklich, wenn überhaupt, nicht ins Gewürzregal, sondern in'n Kühlschrank gehört?

Ich nehm dat Teil inne Hand und setz mich erstmal hin.

Seit wann steht ein eingetrocknetes Gläschen Sambal Oelek in mei'm Gewürzregal? Wo ich doch überhaupt nix Fernöstliches kochen kann und sowieso ganz früher mal gerade mit Sambal Oelek denkbar schlechte Erfahrungen gemacht hab?

Wann kann dat gewesen sein? Mal überlegen –

War dat nich damals mit meine Tanzstundenliebe? Wie hieß der noch? Richard. Ach ja ... Richard. Der konnte schon vor'm Mittelball Walzer linksrum tanzen: „Ich tanze mit dir in den Himmel hinein, in den siebenten Himmel der Liebe."

So weit sind wir bei alle Verliebtheit zwar nie gekommen, aber immerhin bis in ein neueröffnetes indonesisches Restaurant, wo er mich eines Tages für hin eingeladen hatte.

Wie alt war ich damals? Siebzehn? Achtzehn? Jedenfalls musste ich meine Eltern noch fragen, ob und wann und mit wem ich überhaupt mal abends weggeh'n durfte. Darüber würden sich de jungen Dinger von heute schlapplachen.

Ich krichte zwar de Erlaubnis, aber musste mir von Mama 'ne endloslange Litanei anhören, wie vorsichtig ich gerade bei diesem Richard sein müsste. Der galt nämlich als Draufgänger, wie „Richard Löwenherz", und wenn der z. B. auch nur den leisesten Versuch wagen sollte, mit mir irgenswo inne Büsche zu wollen – also dann: „Vorsicht is die Mutter vonne Porzellankiste!"

Na ja, wat Mütter von damals als Warnung eben so von sich gaben.

Wir also fröhlich händchenhaltend durche Stadt gebummelt und schließlich in dem indonesischen Restaurant gelandet.

Richard kannte dat schon, aber für mich war dat totales Neuland. Allein der Geruch nach fremdartige Speisen – und die Musik. Und ganz schummerige Beleuchtung. Überall mit Gold verschnörkelte Laternen inne Ecken und rotgoldene Verzierungen anne Wände und inne Mitte vom Raum 'n grünlich beleuchtetes Aquarium mit noch nie gesehene kleine Fische – ich war hin und weg. Und neben mir Richard, meine erste große Liebe …

Durften wer uns 'n Tisch aussuchen, schon gedeckt mit kunstvoll gefaltete Servietten und mehrere kleine Pöttkes mit geheimnisvollem Inhalt. Ein kulinarisches Abenteuer wartete auf mich.

Und dann kam de Speisekarte – mit mindestens hundert neuartige Gerichte. Richard kannte sich offenbar schon 'n bisken aus, aber ich hatte keine Ahnung, wat ich bestellen sollte. Natürlich erstmal nach'm Preis gekuckt, aber dat half mir auch nich weiter.

Bis Richard vorschlug, wir könnten uns Nasi Goreng bestellen, dat hätter schon mal gegessen, wär lecker und nich so viel und genau richtig für jemand wie mich, die ich noch nie Indonesisch gegessen hätte.

Also Nasi Goreng.

Der freundliche Kellner fragte: „Wollen scharf?" Richard kuckt mich an. „Scharf? Nä, lieber normal."

„Wollen mit Messer und Gabel essen oder mit Essstäbchen?"

Ich? Mit Essstäbchen? Nä, um nix inne Welt. Dat kann ich gar nich, ich würde denen de Bude vollkrümeln.

Aber Richard sagte, er wollte's mal probieren. Wenn im fernen Osten ganze Völker mit Essstäbchen essen, dann müssen wir Europäer dat doch auch irgenswie gebacken kriegen. ...

Dauerte gar nich lange, da stand dat Nasi Goreng schon vor uns – von wegen: nich viel. So 'n Berg. Erstmal vorsichtig mitte Gabel 'n bisken drin 'rumstochern, vorsichtig probieren – aber dann zuschlagen. Hm, war dat lecker! Ich weiß noch, dat ich richtig Hunger hatte. Richard auch, aber der krichte kaum wat in'n Mund, fuchtelte mit seine Stäbchen in dem Nasi Goreng rum und bröselte de Tischdecke mit Reis voll, bis er's aufgab und sich Messer und Gabel bringen ließ. Und dann wollt' er natürlich den Inhalt von alle diese Pöttkes und Fläschkes probieren, die auf'm Tisch standen. Erst den Streuer mit Curry betätigt – hm! Dann de Sojasoße – lecker! 'n Löffel voll Erdnüsse dazwischen – warum nich? Und wie schmeckt wohl dies' rote Sambal Oelek in dem Deckelgläschen? Mal probieren ... Nimmt er dat Messer und schiebt sich 'ne tüchtige Messerspitze voll in'n Mund.

„Und?"

Oooh! Verdrehter zwar'n bisken de Augen, schluckt dreimal leer, schaufelt sich hastig 'n paar Gabeln Reis rein, atmet stoßweise tief durch, trinkt sein Glas Cola auf einen Zug leer und sagt doch tatsächlich: „Ungewöhnlich, aber lecker, das darfst du dir nich entgehen lassen".

Und ich? Obwohl Mama mich vor Richard Löwenherz gewarnt hatte? Ich glaube ihm.

„Sambal Oelek." Nie gehört!

Ich nehme mir einen Klacks auf den Teller, tauche meine Gabel tief in die rote Paste und probiere … Richard, mein Richard, lächelt mich über den Rand von sei'm Colaglas erwartungsvoll an – und de Welt explodiert. Hastu dir schon mal 'ne Gabel voll Sambal Oelek gegönnt? Dann weißte, wovon ich rede: Tränen schießen einem inne Augen! Schnappatmung! Schweißausbruch! Panik! Der ganze Mund brennt wie Hölle. Ich pruste quer übern Tisch, der Kellner kommt angerannt, bringt dat ganze Gedöns in Sicherheit …

Dann weiß ich nur noch, dat Richard hastig bezahlt hat, dat ich mit Tränen inne Augen und Feuer im Hals keuchend neben ihm nach Hause getorkelt bin, dat Richard sich tausendmal entschuldigte, aber vor de Haustür doch tatsächlich noch versucht hat, mich zu küssen, und seine Lippen immer noch teuflisch nach Sambal Oelek brannten wie 'n Stück Holzkohle …

Und jetzt sitz ich hier, gefühlte hundert Jahre später, und überlege, wie dat damals weiterging. Meine erste Liebe is jedenfalls an Sambal Oelek zerbrochen. Denn dat Richard, mein vergötterter Richard, dat der mich wissentlich und grinsend mit eine Gabel voll Sambal Oelek quasi ins offene, höllenscharfe Messer hat laufen lassen, dat hab ich ihm nie verziehen. Für'n Schlussball musst' er sich 'ne andere auskucken, mit der er versucht hat, in den siebenten Himmel der Liebe zu tanzen, aber is ihm nich gelungen. Isser nämlich bei Renate gelandet, die kein' langsamen Walzer

und nur Viervierteltakt konnte und ihm dauernd auffe Füße
rumtrampelte. Dat hab ich ihm gegönnt ...

Und wat mach ich jetzt mit dem leeren Pöttken Sambal
Oelek? Ins Altglas schmeißen oder inne Restmülltonne?
Hauptsache – weg damit! Und Grünkohl koch ich mir
trotzdem, probier ich mal, wie der ohne Lorbeerblatt
schmeckt ...

J

WIE

JEDE MENGE PROTEINE

Hallo Änne, hier is Lisbeth … Du, heute müssen wer mal über ganz wat anderes reden: Wüsstest du, wie man sein Testament macht? Muss man dat handschriftlich verfassen? Und von ei'm Rechtsanwalt beglaubigen lassen oder wie oder wat? …

Ja siehste, dat dacht' ich mir – du weißt es genauso wenig wie ich.

Wie ich da drauf komme? Tant'Thea war gestern Nachmittag bei mir, total aufgelöst und offensichtlich mitte Nerven am Ende. So hab ich die noch nie erlebt: Kommt 'rein, setzt sich ohne wat zu sagen bei mir inne Küche auf'n Stuhl, kuckt schweigend aus'm Fenster und knüllt bloß irgenswie hilflos ihr Taschentuch zwischen de Finger zusammen.

„Tant'Thea, is wat?"

Kuckt se mich an: Sie müsste ihr Testament machen. Ob ich wüsste, wie dat geht?

Du, ich bin richtig erschrocken – wat für 'ne Frage! Sollte dat womöglich heißen, dat Tant'Thea krank is? Die is doch so gut wie nie krank. Is topfit im Kopp und überhaupt, braucht außer ihre Tabletten gegen Bluthochdruck keine anderen Medikamente und käm trotz ihre achtzig Jahre immer noch glatt durch'n TÜV. Außer 'n Anflug von Arthrose inne linke Hand hat die doch nix, aber will von jetzt auf gleich ihr Testament machen?

Ich sofort de flachen Gläschen aus'm Gläserregal und de Pulle Eierlikör aus'm Kühlschrank geholt und beides auffen Tisch gestellt. Aber wat macht Tant'Thea? Die hält schützend ihre Hände über ihr Gläschen. „Für mich ab heute nie mehr Eierlikör, dat is Gift für mich – und für dich auch."

Mir fiel fast de Kinnlade runter.

„Tant'Thea, wat is passiert?"

„Ich hab Müllers Nelli getroffen".

„Ach so! Und die wusste natürlich wieder wat Neues."

Und so war's. Müllers Nelli is bekannt dafür, dat die täglich im Internet nachschnüffelt wegen de neuesten Erkenntnisse in Bezug auf gesunde Ernährung und is überzeugt, dat Tant'Thea sich seit Jahren falsch ernährt. Deshalb soll se sich zeitnah – ja, *zeitnah* hätte Nelli gesagt – um ihr Testament kümmern. Der Arthroseknubbel an Tant'Theas linke Hand wär dat erste aber deutliche Anzeichen von Spätfolgen von ungesunde Ernährung: zu wenig Proteine, zu wenig Vitamine. Sie müsste mit weitere ernsthafte Beschwerden rechnen.

Und Tant'Thea zeigt mir mit feuchte Augen 'n Knubbel am Daumengelenk von ihre linke Hand, ein'n kaum sichtbaren Knubbel.

„Wegen dem Knübbelken sollst du jetzt *zeitnah* dein Testament machen?"

„Genau. Und deshalb muss z. B. unser Eierlikör-Süppeln ab sofort aufhören: Zu viel Eier, zu viel Zucker, zu viel Alkohol. Und wenn ich noch 'n bisken am Leben hängen täte, soll ich ab sofort meine ganze Ernährung umstellen, mir schleunigst 'ne examinierte Ernährungsberaterin suchen, die mir bestimmt nur noch Vollkornprodukte und Nahrungsergänzungsmittel empfehlen würde. Die könnte's *vleicht* noch verhindern, dat ich nich noch mehr Knübbelkes anne Hand kriege und damit – wenn ich Glück hab – mein nahes Ende noch'n bisken hinausschiebe …"

Weiter konnte se nich sprechen.

Änne, mir blieb de Spucke weg. Wat hättest du in so 'ne Situation denn gesagt? Da fällt einem doch nix drauf ein! Unser Tant'Thea, die bislang immer 'n gesunden Menschenverstand bewiesen hat, lässt sich ausgerechnet von Müllers Nelli so ins Bockshorn jagen? Wo wir doch alle seit Jahren über Nellis Ernährungsfimmel lachen? Mit ihrem ewigen Gefasel über jede Menge Vitamine und Proteine, Kalzium und Potassium, Dextrose und Glykose, Cerealien und Mineralien und wat nich alle? Die nimmt doch schon lange keiner mehr ernst. Wenn man die nur von Weitem sieht, kratzt man de Kurve und nimmt jeden Umweg in Kauf, dat man ihr bloß nich wieder Gelegenheit gibt, einem mit ihr'm Gelaber über gesunde Ernährung den Tag zu versauen.

Neuerdings sind's also wieder mal de Hühnereier, die einem vorzeitig den Lebensfaden verkürzen. Mitte Schädlichkeit von Eigelb fing dat vor Jahren an. Damals

schon wurde de Welt durch eine Studie aus Amerika gewarnt, dat Dotter wär zuständig für erhöhte Cholesterinwerte. Also wenn dat in manche Kulturkreise üblich wär,
zum Frühstück 'n Ei zu essen, dann aber man nur dat
Eiweiß. Dat Dotter kricht bestenfalls der Hund oder de
Katze, weil bei Tiere spielen de Cholesterinwerte nich so 'ne
wichtige Rolle. Und schon 'n paar Jahre später kam 'ne neue
Studie, ebenfalls aus Amerika: „Ätsch-bätsch, Fehlalarm:
Besonders dat Eigelb is gesund." Und dann kam de Kar-
toffel-Hysterie: „Kartoffeln machen dick". Und nich lange
danach: „Kartoffeln sind sogar gesünder als Nudeln und
Reis." Trotzdem: „Höchstens einmal pro Woche, und dann
möglichst als Pellkartoffeln oder nur halbgar gekocht."

Änne, alle naselang treibt Müllers Nelli 'ne andere
Ernährungssau durchs Dorf. Erst kürzlich hat se 'ne neue
Erkenntnis verbreitet: Grünkohl zum Frühstück! Aber
nich als Eintopf, schön mit Kartöffelkes und Speck oder
Räucherendchen, nein: Man soll den Tag mit salzarm und
nur schwach angedünstetem Grünkohl oder noch besser
mit halbgarem Brokkoli beginnen statt mit 'nem leckeren
frischen Brötchen und Honig oder selbstgemachte Marmelade drauf, weil de Vitamine im Grünkohl und Brokkoli sind
lebensverlängernd, hingegen der Zucker inne Marmelade is
ja sowat von schädlich und und und.

Gut, dat zu viel Zucker schädlich is, dat weiß inzwischen
doch jeder, aber dat der nun unter anderem auch schuld sein
soll an Tant'Thea ihre Arthrose-Knübbelkes?

Also ich hab erstmal für jeden 'n Gläschen Eierlikör
eingegossen und eines zu Tant'Thea rübergeschoben. Und

dann hab ich 'ne Rede gehalten, wo ich gar nicht von wusste, dat ich da so 'n Talent für hab. De abartigsten Beispiele zu Ernährungsfragen fielen mir plötzlich ein. Ich hab geredet und geredet …

Tant'Thea hörte artig zu und schon bald schob se ihr volles Eierlikör-Gläschen mit eine Hand von links nach rechts und wieder zurück. Nach vleicht 'ne Viertelstunde hatt' ich se sowat von mürbe gequasselt, dat se mei'm Beispiel folgte und den ersten Schluck nahm: Prost!

Und danach gab's kein Halten mehr. Dat Thema „Testament" und von wegen „zeitnah" blieben natürlich im Raum. Beim zweiten Gläschen: „Prost! Wir trinken dat Zeug ja nich täglich und vor allem nich literweise" – war'n wer schon am Überlegen, wat Tant'Thea denn einklich alles zu vererben hat, wat testamentarisch festgelegt werden müsste. Ob sich überhaupt jemand für ihre Möbel und Tischtücher, de Sammeltassen noch von Oma Hilde und die beiden angeblich echten Jugendstil-Nachttischlampen intressieren würde? Nach'em dritten Gläschen war'n wer uns einig, dat Tant'Thea dat piepegal sein kann, wer dat Luftgewehr von Onkel Gisbert und seine Briefmarkensammlung kriegt, weil bei dem Gewehr is der Lauf 'n bisken verzogen, und bei den Briefmarken aus aller Welt hatte Onkel Gisbert vor allem die ungestempelten sorgfältig mit Spucke ins Album *einge-klebt,* wodurch die nahezu wertlos geworden sind. „Und dat Blumenbild in Öl, wat überm Sofa hängt? Sind dat einklich Rosen oder doch eher Dahlien, wo der unbekannte Künstler sich dran versucht hat?"

Um sieben Uhr hab ich uns 'ne Pfanne leckere Bratkar-toffeln mit Speck und für jeden zwei Spiegeleier gebraten, dat gelbe Dotter ham wer genüsslich mit 'm Stücksken un-gesundes Weißbrot ausgestippt. Und danach ging Tant'Thea entspannt, wenn auch mit leichte Schlagseite nach Hause.

Müllers Nelli? Wenn ich die bei nächste Gelegenheit irgenswo sehe, dann mach ich ihretwegen kein'n Umweg, sondern ich krall se mir. Die kricht so viel umme Ohren gehauen, dat se auffe Stelle nach Hause rennt und erstmal selber ihr Testament macht. Is doch wahr ...

***

K

WIE

KERNGESUNDE KRANKENKOST

Hallo Änne, hier is Lisbeth. Ich hab eben dein'n Anruf auf mei'm Anrufbeantworter gehört und dat du dir gleich wat Leckeres kochen willst. Guten Appetit! Aber ich mag heute an Essen nich mal *denken*: Ich hab mir mit irgenswat den Magen verkorkst und auf nix Appetit, sondern Bauchschmerzen, und zwar in echt. Unser Papa sagte früher manchmal, wenn Kathrina oder ich als Blagen dat Mittagessen nich mochten und Bauchschmerzen vortäuschten, beim Nachtisch aber schon wieder „gesund" waren: „Jaja, Pien an'n Püns, aber Sinn an Koken"*. Und natürlich gab's kein'n Nachtisch, wenn man dat Hauptgericht nich gegessen hatte.

Komisch, dat einem solche Sprüchskes ausse Kindheit lebenslang im Kopp bleiben: „Pien an'n Püns, aber Sinn an Koken".

Jedenfalls hab ich heute Pien an'n Püns und keinerlei Sinn an Koken. Ich mach mir gleich höchstens 'n Teller

„kerngesunde Krankenkost". Die gab's früher immer bei unser Mama, wenn jemand inne Familie Bauch- oder Magenschmerzen hatte.

Du kennst nich „kerngesunde Krankenkost"?

Dat is 'ne Suppe aus zwei gehäufte Esslöffel feine Haferflocken oder Gries, in wenig Fett hellbraun geröstet, mit Gemüsebrühe abgelöscht und mit Schnittlauchröllchen serviert. Die half auch meistens und ham wer alle gern gegessen. Und wenn's einem nach 'ne Magenverstimmung wieder 'n bisken besser ging, gab's annerntags als erstes festes Essen 'n leckeres Hühnerfrikassee, da freute man sich drauf.

Für Papa allerdings war Hühnerfrikassee de schlimmste und unerträglichste Form von „kerngesunde Krankenkost". Wenn's bei uns Hühnerfrikassee gab, ergriff er immer unter irgenseinem Vorwand de Flucht und aß lieber nur 'ne Bratwurst anne Bratwurstbude irgenswo inne Stadt als Mamas Hühnerfrikassee. Obwohl in meine Erinnerung Mama dat beste Hühnerfrikassee der Welt kochte, hm! Mit ein'm Suppenhuhn vom Bauern, langsam in eine fette Brühe gegart, entbeint und in nich zu kleine Bröckskes geschnitten, mit Spargelstückskes in Béchamelsoße und im Reisrand serviert. Ein Festtagsessen! Obwohl, zugegeben: vonne Farbigkeit her 'n bisken eintönig: De Soße weiß, dat Hühnerfleisch weiß, de Spargelstückskes weiß, der Reis weiß. Deswegen wurde ganz zum Schluss tüchtig gehackte Petersilie drüber gestreut so nach dem Motto: Das Auge isst mit. Und noch heute – auch wenn ich weder „Pien an'n Püns" noch sonstwat hab –, koch ich mir dann und wann zuerst entweder 'ne geröstete Haferflocken- oder Griessuppe und dann 'n leckeres Hühnerfrikassee.

Aber dat man dafür'n gutes Huhn kricht, is gar nich so einfach. Wenn man Pech hat und 'n zähes Suppenhuhn erwischt, kannste „kerngesunde Krankenkost" vergessen. Und von vornherein nur Hühnerbrust bzw. Hähnchenfilet zu nehmen, is auch 'n Risiko, dat wird dann schnell faserig und trocken und schmeckt auch nich wirklich nach Huhn. Dann hilft bloß, dat man „Hühnerfrikassee exotisch" kocht mit tüchtig Curry und Rosenpaprika oder irgenswelche ausländische, möglichst höllisch scharfe Gewürze anne Soße kippt, meinswegen Harissa und Kreuzkümmel und Baharat. Dat macht unser Yvonne manchmal, und dann erfindet se für ihre kulinarische Neuschöpfung irgenswie abenteuerliche Phantasienamen, zum Beispiel „Chicken diabolo" oder „Frikassee Aladin". Natürlich isses dann keine „kerngesunde Krankenkost" mehr, aber schmeckt teuflisch gut.

Also, wenn ich nächstens wieder fit bin und Appetit hab, dann ... Tant'Thea sagt übrigens immer, 'ne Erkältung muss man füttern, und 'n verkorksten Magen aushungern. Altes Hausmittel ... mal sehen, ob se recht hat.

    * Emsländisches Sprichwort, sinngemäß:
      Bauchschmerzen haben, aber Kuchen essen wollen

***

L

WIE

LEIBGERICHT LINSENSUPPE

Wat ich dich immer schon mal fragen wollte: Wo und bei wem hast du einklich kochen gelernt, denn du bist ja 'ne echt gute Köchin? Inne Schule? Damals gab's noch Kochunterricht inne Schule? Kochen im Lehrplan? Dat wär vleicht gar nich so verkehrt, wenn's dat heute noch gäbe, weil selber kochen macht erstens Spaß und is zweitens deutlich billiger als auswärts essen – und schmeckt fast immer mindestens ebenso gut wie inne meisten Restaurants.

Wo ich kochen gelernt hab? Bei meine Oma. Die machte z. B. die beste Hochzeitssuppe aller Zeiten. Oder wenn ich an Omas Bohneneintopf mit kleine Mostbirnen drin denke ... nä, sowat von lecker!

Unser Tant'Thea kann auch gut kochen, denn in Tant'Theas Generation wurden junge Mädchen oft, wenn von Heiraten de Rede war, für 'n halbes Jahr zum Kochenlernen nache Nonnen geschickt, weil damals hieß es noch:

„Mädchen brauchen kein'n Beruf, die heiraten ja doch, aber kochen müssen se können, denn ‚Die Liebe geht durch den Magen'. Und 'ne junge Frau, die nich kochen kann? Da is er Scheidung von Anfang an vorprogrammiert".

Wat sagst du? Warum ausgerechnet Nonnen inne Klöster oft so gut kochten und sogar Kochunterricht geben konnten? Dat weiß allein der Himmel. Die sind doch angeblich die Bräute von Jesus, dürfen im Diesseits nich heiraten und ham deshalb nie de Chance, 'n Ehemann mit ihre Kochkunst zu verwöhnen.

Egal, unser Tant'Thea hat jedenfalls bei de Nonnen kochen gelernt, und deshalb war bei ihr und Onkel Gisbert von Scheidung nie de Rede. Onkel Gisberts Leibgericht soll übrigens Linsensuppe gewesen sein. Wenn der sich wat zu essen wünschen durfte: Linsensuppe, mit'm Stücksken Kassler oder Räucherspeck drin. Dat er da aber so versessen drauf war wie Esau inne Bibel, nä, dat wohl doch nich.

Esau? Dat is doch der aussem Kreuzworträtsel: „Sohn Isaaks, 4 Buchstaben." Esau hat's wegen seine Liebe zu Linsen in jedes deutsche Kreuzworträtsel geschafft, inne Bibel wird er allerdings nur einmal und dat nur im Zusammenhang mit ei'm Linsengericht erwähnt. Er soll nämlich so scharf auf Linsen gewesen sein, dat er sein *Erstgeburtsrecht* für ein'n Teller Linsengericht an sei'n Zwillingsbruder Jakob verkauft hat. Jakob soll'n paar Minuten jünger gewesen sein als Esau, und deshalb hatte Esau das Recht der Erstgeburt. Wat für'n Recht dat war und wat dat bedeutete, dat steht in kei'm Lexikon, aber muss wohl irgenswie wichtig gewesen sein für den Lauf der Geschichte, weil wegen nix und wieder

nix hätten se Esau doch überhaupt nich inne Bibel erwähnt. Und im Kreuzworträtsel käm er auch nich vor.

Wat de Mutter von Esau und Jakob wohl für'n Rezept hatte? Damals musste se jedenfalls de Linsen erstmal über Nacht einweichen und dann weichkochen, denn schon vorgegarte Linsen in Dosen oder im Tetrapack gab's ja zu der Zeit noch nich. Vleicht hat se ja auch 'n leckeren Linsensalat gemacht? Mit 'ne feine süßsaure Essigsoße und kleingeschnittene Kräuter? Dat Rezept für Linsensuppe von unser Tant'Thea kann se jedenfalls nich gekannt ham, die außer kleingehackte Möhren und Kartöffelkes noch Porree und 'ne Handvoll Blattspinat oder dat Grüne von Mangold mitkocht und zum Schluss 'n Tütchen Safran und 'n Schuss Essig drantut. Rezepte werden inne Bibel nich erwähnt – schade. De Bibelforscher sind natürlich meistens Männer und Männer intressieren sich höchstens fürs fertige Essen und nicht für de Herstellung. Wenn se inne Bibel mal 'n paar Frauen mit drangelassen hätten, dann …

Und ob de Ehe von Isaak und seine Frau so lange gehalten hat, wie die von Tant'Thea und Onkel Gisbert, darf auch bezweifelt werden, denn wenn de Frauen im alten Testament bestimmt auch gut kochen konnten: Damals wurden de Leute ja gar nich so alt wie heute. Zum Beispiel Methusalem, der wird immer als der älteste Mensch überhaupt erwähnt, dabei soll der nur knapp neunundsechzig Jahre alt geworden sein.

Thea und Gisbert jedenfalls konnten sogar ihre Diamantene Hochzeit feiern, wat bestimt auch an Theas Kochkunst gelegen ham muss, denn die hatte noch 'ne Menge andere kulinarische Extras drauf.

Dennoch: Linsensuppe war Onkel Gisberts erklärtes Leibgericht. Wat übrigens für unser Yvonne unverständlich is: Die kannste nämlich mit Linsensuppe *jagen*. Für die is Linsensuppe „'ne braune Pampe". Aber da machst du nix dran, de Geschmäcker sind eben verschieden.

Wat Yvonne für'n Leibgericht hat? Weiß ich gar ich, muss ich se mal fragen ...

***

M

WIE

METTWURST FÜR MOZART

Hallo Änne, hier is Lisbeth. Letzten Freitag war Kathrina bei mir, aufgeregt und mit rote Flecken am Hals. Stefan, ein ehemaliger Schulfreund von mei'm Schwager Anton, der jetzt in Süddeutschland wohnt, hätte angerufen: Er sähe gerade in sei'm Navi, dat er morgen auffe Durchreise nach irgenswo im Norden derekt bei uns, quasi anne Haustür, vorbeikäme, und ob er sich wohl mit Frau und Hund zum Mittagessen bei Kathrina und Anton einladen dürft. Man hätte sich ja schon Jahre nich mehr gesehen, und sie blieben auch nur für'n Stündchen, weil er abends schon wat weiß ich wo wieder sein müsste usw.

Natürlich hat Anton zugesagt. Ja, dat wär ja 'ne Überraschung und er freut sich aufs Wiedersehen und ob Stefan 'n besonderen Wunsch fürs Essen hätte. Nein, um Himmels willen, Antons Frau solle sich ja keine Umstände machen, aber wenn er schon so gefragt würde und wenn er sich

wat typisch Westfälisches wünschen dürfte: Seine Erinnerung nach wäre doch gerade jetzt Stielmus*-Zeit, und er
träumt immer noch manchmal von Stielmus-Eintopf mit
Mettwurst, wat er in seine Schulzeit – damals noch hier in
Westfalen – doch sooo gern gegessen hätte. Stielmus gäb's
bei ihnen in Süddeutschland leider nich, aber wenn er noch
einmal im Leben Stielmus zu essen bekäme – da ginge ja ein
kulinarischer Traum in Erfüllung. Ob's den guten Metzger
auffe Emsstraße noch gäbe und dem seine spitzenmäßigen
luftgetrockneten Mettendchen? Oder die geräucherten?
„Für den Hund bitte nur 'ne Schüssel frisches Wasser, sein
Hundefutter haben wir selbstverständlich dabei, weil er hat'n
etwas empfindlichen Magen." Vleicht hätten se ihn auch 'n
bisken zu sehr verwöhnt, weil sie hätten ja keine Kinder, der
Hund wäre ihr Kind, aber er wär total pflegeleicht und total
lieb und läge unter Garantie total unauffällig unterm Tisch.

„Jajaja, herzlich willkommen", hätte Anton gesagt, und:
„Gute Reise, also dann bis morgen."

Änne, du kennst ja unser Kathrina – wat war die in
Aufregung. Natürlich hätte se Anton erstmal gründlich de
Leviten gelesen. „Wie kannst du zwei für mich wildfremde
Leute zum Mittagessen einladen, noch dazu mit kulinarische Sonderwünsche und mit 'n Köter als Kind? Und so
kurzfristig. Wo soll ich denn so schnell Stielmus herkrie-
gen? Dat hab ich seit Ewigkeiten selber nich mehr gekocht.
Und dann müssen's für die Herrschaften unbedingt die
Mettendchen vom Metzger auffe Emsstrasse sein? Wo der
doch schon lange dicht gemacht hat. Du hättest mich ruhig
vorher fragen können ...".

Anton hätte sich bloß kleinlaut verdrückt.

Rief se mich an: „Ogottogott, Lisbeth. Wat mach ich denn nun?"

Änne, wat sollte ich ihr raten? So durchnander wie die war …

Schließlich hab ich ihr angeboten, dat ich Samstagmorgen drei Bund Stielmus vom Markt mitbringe, Mettwürste würde ich auch besorgen – und ich würde auch für sie kochen.

Nein, wat war die erleichtert! Sie hätte ja sowieso noch genug zu tun, welches Geschirr und welche Tischdecke passend wären und ob se im Esszimmer decken sollte oder vleicht sogar schon draußen?

„Ach Lisbeth, wenn ich dich nich hätte. Und du darfst selbstverständlich dabei sein."

Änne, jetzt hatte ich also plötzlich Stielmus mit Mettwurst für fünf Personen anne Backe. Hab ich extra nochmal dat Originalrezept im „Kochbuch aus dem Münsterland" nachgelesen, dat ich auch nix verkehrt mache. Im Kochbuch heißt Stielmus übrigens „Knisterfinken", warum auch immer.

Ich also Samstagmorgen in aller Herrgottsfrühe mit'm Rad zum Markt gefahren, Stielmus gekauft und Mettendchen besorgt, drei Paar geräucherte und drei Paar luftgetrocknete, insgesamt zwölf Mettendchen. Die sollten für fünf Personen ja wohl reichen – dachte ich mir jedenfalls in mein schlichtes Gemüt.

Und dann schön lecker gekocht – Stielmus is zu Recht 'ne westfälische Spezialität! – und Samstag gegen Mittag mit dem vollen Pott zu Anton und Kathrina rüber.

Kurz drauf kamen auch schon de Gäste.

Nach 'ne herzliche Begrüßung und erkennbar beiderseitige Wiedersehensfreude stellte Stefan uns seine Familie vor: „Das ist meine Frau, Gudrun, und das ist unser Kind, Mozart."

Dat „Kind", also Mozart, war ein junger, pechschwarzer, bildhübscher Cockerspaniel, der uns begeistert begrüßte und vor Freude schon mal 'n Pfützchen auf'n Gartenweg machte.

„Wie heißt der Hund? Mozart?"

Ja, weil er schon als Welpe hätte erkennen lassen, dat er ungewöhnlich musikalisch ist. „Normal isser ja sehr temperamentvoll, aber er legt sich sofort in sein Körbchen und schläft ein, wenn wir ihm Mozarts ‚Kleine Nachtmusik' auflegen, deswegen hat Gudrun ihn Mozart getauft. Is ja nich gerade 'n gängiger Name für 'n Hund, aber Hauptsache, er hört auf den Namen. Leider hat er einen empfindlichen Magen, aber er ist ja noch jung, und der Tierarzt sagt, dat würde sich auswachsen. Nicht, Schätzelein?"

„Schätzelein" wedelte freundlich mit'm Schwanz.

Kathrina hatte für Mozart schon'n Pott frisches Wasser hingestellt, wat er auch begeistert schlabberte, und Stefan stellte ihm sein Futterkümmken** aus Edelstahl mit Spezialfutter für sensible Hundemägen daneben. „So, das is feines Leckerlecker für unser Schätzelein, und Herrchen und Frauchen kriegen heute Stielmus mit Mettwurst."

Und dann ging's zu Tisch. Stefan hatte vor Vorfreude auf de Erfüllung seines „kulinarischen Traumes" schon Schweißperlen auffe Oberlippe stehen.

„Bitte greift zu. Guten Appetit."

Änne, wat hat dieser Stefan reingehauen! Ich mein, dat freut natürlich jede Köchin, wenn se feststellen darf, dat se sich nich umsonst Mühe gegeben hat. Ratzfatz war de erste Schüssel leer, aber ich hatte ja gut vorgesorgt. Auch de Mettendchen schienen de richtigen zu sein – jedenfalls war de Wurstplatte noch schneller blank als der Gemüsepott. Ich holte Nachschlag ausse Küche.

Die alten Freunde ham sich angeregt unterhalten: „Weißt du noch?" Es wurde reihum viel gelacht. Mozart saß, wie angekündigt, total brav neben Herrchens Füße und hörte aufmerksam zu, dat Kümmken mit dem Spezialfutter unangetastet neben sich.

Auf mal stupst Kathrina mich mit'm Fuß an und deutet mit ei'm knappen Kopfnicken zu Stefan rüber. Und wat seh ich? Jedes zweite Stück Mettwurst, wat Stefan sich absäbelte, ließ er unauffällig untern Tisch fallen. Mozart mit dem hochsensiblen Magen wurde von sei'm Herrchen mit Mettwurst verwöhnt. Mit der Wurst, für die ich mit'm Fahrrad quer durche Stadt gefahren war. Kathrina, Anton und ich ham uns extra zurückgehalten mit Rücksicht auf Stefans kulinarische Jugenderinnerungen, aber der Köter …

In mir stieg de Galle hoch. Mir lag ganz wat Giftiges auffe Zunge, aber zum Glück fiel mir gerade noch rechtzeitig ein altes westfälisches Sprichwort ein: „Und ist der Gast auch noch so schäbig – er wird geehrt." Also hab ich den Mund gehalten.

Aber nach'm Essen und jede Menge „Ah" und „Oh" und lauter leere Schüsseln hör ich plötzlich, wie Kathrina honigsüß flötet: „Das freut uns aufrichtig, dass nicht nur

Ihnen und Ihrer Frau unsere Mettwurst so gut schmeckt, sondern dass auch Mozart sie offenbar nicht verschmäht. Der von Ihnen bevorzugte Metzger auf der Emsstrasse hat seinen Laden nämlich schon vor Jahren aufgegeben und meine Schwester Lisbeth ist extra von Pontius bis Pilatus geradelt, um bei einem anderen Metzger eine ähnlich gute Wurst zu bekommen. Dass die nun sowohl Ihren als auch Mozarts Ansprüchen genügt, nehmen wir dankbar zur Kenntnis. Ich hoffe nur, dass Ihr ,Kind' mit seinem sensiblen Hundemagen nach dem Verzehr von circa drei Mettendchen keine Magenbeschwerden bekommt. Wenn Sie auf Ihrer Heimreise nach Süddeutschland wieder bei uns einkehren möchten, werden wir uns besser bevorraten, damit Schätzelein nicht zu kurz kommt. Einverstanden, Mozart?"

Mozart lag ausgestreckt unterm Tisch und wischte mit seinem Schwanz dreimal träge über den Fußboden.

Änne, dat puterrote Gesicht von diesem Stefan werde ich bis an mein Lebensende nich vergessen, und den Hustenanfall von Gudrun, seine Gattin, auch nich. Auch Stefans Ausrede, die Wurst wär so köstlich gewesen, dass er unbedingt sein „Kind" an dem Genuss hätte teilhaben lassen müssen, hab ich mir gemerkt, und auch, wat er sonst noch von Tierliebe und Pipapo gestottert hat. Aber dat die sich nach Kathrinas spitze Ansprache auffe Rückreise nochmal bei uns zum Essen einladen, steht kaum zu befürchten. Höchstens, dat se kurz anhalten und Mozarts vollen Fressnapf aus Edelstahl wieder mitnehmen – den ham se nämlich in der Eile des überhasteten Aufbruchs vergessen.

Übrigens: Einklich könnt ich mir die CD mit Mozarts „Eine kleine Nachtmusik" wieder mal auflegen – vleicht hör ich die jetzt mit ganz andere Ohren …

*   die jungen Stängel von Mairübchen
** Schüsselchen

***

N

WIE

NICHT SPÜLMASCHINENGEEIGNET

Hallo Änne, hier is Lisbeth. Unser Yvonne war gerade bei mir und hat mir stolz ihr neuestes Schnäppchen von'n Flohmarkt präsentiert:

Ein komplettes Essservice für sechs Personen, von eine berühmte englische Firma – den Namen hab ich vergessen – bildschön, sag ich dir. Mit Goldrand und ein wunderbares Blümchenmuster und nich die allerkleinste Macke dran, wie neu. Und aus echt Bone China, steht auf jedem Teil hinten drauf. Bone China, dat soll ja dat wertvollste Porzellan überhaupt sein.

Hatte se's extra für mich aufgebaut, dat ich mich von der ganzen Pracht und Herrlichkeit selber überzeugen konnte. Der ganze Tisch war beladen mit Suppentellern und flachen Tellern und Desserttellern und Suppenterrine und große und kleine Schüsseln und Bratenplatte und überhaupt allem, wat bei so ei'm Essgeschirr dazugehört. Herrlich!

Ich sag noch so: „Dat hat dich aber – Flohmarktpreise hin oder her – bestimmt 'ne Stange Geld gekostet", da grinste se bloß. Änne, jetzt darfst du raten, wieviel se dafür ausgegeben hat. Nä, komm, lass sein – du rätst es ja doch nich: Fünfzig Euro hat dat gekostet. Für ein neuwertiges Essservice für sechs Personen hat die bloß fünfzig Euro bezahlt. Dat soll früher mal über fünfhundert D-Mark gekostet ham. Echt Bone China!

Ich war platt. „Und warum is dat jetzt so billig?", hab ich gefragt.

Änne, wenne die Antwort hörst, packst du dir an'n Kopp: *Weil's nich spülmaschinenfest is!*

Die Frau, die Yvonne dat verkauft hat, soll gesagt ham, inne Spülmaschine gingen nach und nach der Goldrand und alle Blömkes ab, deshalb muss man solches Geschirr immer von Hand waschen und dat wär ihr zu lästig und sie wollte's einfach loswerden. Dat wär zwar 'n Hochzeitsgeschenk von ihre Schwiegermutter gewesen, aber hätte se sich von Anfang an bloß drüber geärgert. Ihre Schwiegermutter wär nämlich – und da soll se so de Augen verdreht haben … also die ham wohl nich dat innigste Verhältnis zu'nander gehabt. Und dat Bone China hätte se deshalb nur aus'm Schrank geholt, wenn Schwiegermutter im Anmarsch gewesen wär, also Ostern und Weihnachten. „Und dann durfte ich vor'm Essen stundenlang inne Küche stehen und kochen und nach'm Essen unter Schwiegermutters Argusaugen dat ganze kostbare Geschirr von Hand spülen – und sogar

selber abtrocknen, weil Schwiegermutter bange war, dat ihr womöglich wat ausse Hand fällt und dann isses kaputt und nich mehr komplett."

„Aber jetzt is Schwiegermutter tot – Gott hab sie selig." Und nun hätte dat Hochzeitsgeschenk lange genug inne Vitrine gestanden und Platz weggenommen. Es säh zwar nach wie vor schön aus und wär auch nix dran, aber nich spülmaschinenfest? „Nä, dat tu ich mir nich an. Soweit kommt dat noch! Weg damit! Fünfzig Euro, basta."

Yvonne strahlte. „Und jetzt hab ich's".

Änne, ich konnt' mir's nich verkneifen, zu fragen: „Und wat machst *du* jetzt damit? Wirst du ab heute jeden Tag ala ‚haute cuisine' kochen, dat dat Essen zum Geschirr passt? Obwohl dein Friedhelm doch am liebsten deftige Hausmannskost mag? Aber Erbsensuppe mit Räucherspeck auf Bone China mit Goldrand und Blömkes und drumrum? Und dann alles von Hand spülen?"

„Nä", sagt Yvonne. „Warum sollte ich? Ich werde kochen wie immer, und weil ich dat Geschirr schön finde und Spaß dran hab, kommt dat ab heute jeden Tag auf'n Tisch und anschließend inne Spülmaschine. Soll mich mein kostbares Bone China überleben? Dat seh ich gar nich ein. Wenn dann de Blömkes eines Tags verblasst und welk sind, bin ich höchst wahrscheinlich auch verblasst und welk und dann? Anne Blagen vererben? Die würden abwinken und sich bedanken. Die stellen dat dann auch nich mehr auf'n Tisch und können's höchstens wieder zum Flohmarkt bringen oder an jemand verschenken, der alte Teller für den nächsten Polterabend zum Zerdeppern braucht. Und wenn dann

dat Sprichwort von den Scherben, die Glück bringen, in Erfüllung geht? Gut so, besser kanns doch gar nich kommen!"

Änne, ich musste Yvonne recht geben: So gesehen sind
fünfzig Euro sinnvoll angelegtes Geld.

***

O

WIE

ONKEL OTTOS TISCHREDEN

Hallo Änne, hier is Lisbeth … Na, alles paletti bei dir? Dat freut mich. Bei mir? Nä, noch nich so richtig. Ich hab noch mitte Nachwehen vonne übermäßige Süppelei bei Gerlindes Hochzeit zu kämpfen.

Wat für 'ne Gerlinde? Mein Patenkind – de Älteste von Rudi und Mia Stapelkötter, die hat gestern ihr'm Dauerverlobten Gerfried endlich dat Jawort gegeben. Jetzt heißt se nich mehr Stapelkötter, sondern Gerlinde Grübler. Ungefähr vierzig Leute waren eingeladen, ich als Gerlindes Patentante natürlich auch. Und dat wär beinahe 'n perfektes Fest gewesen, wenn nich …

Aber der Reihe nach.

Vormittags inne Kirche lief alles bestens – wat war dat schön! De Sonne schien, zwei niedliche „Engelkes" streuten Blömkes, Gerlinde ganz in Weiß, wenn auch ohne Myrtenkranz, de Gäste alle festlich aufgebrezelt, de Orgel spielte

Mendelssohns Hochzeitsmarsch, also feierlicher ging's nich. Ein Berufsfotograf wuselte herum, flitzte sogar durch den ganzen Altarraum, der Pastor war offensichtlich froh, dat er wieder mal 'ne kirchliche Trauung abhalten durfte – viele heiraten heutzutage ja nur noch standesamtlich – dat Jawort vonne Brautleute kam laut und deutlich, der Brautkuss war zwar etwas überlang, aber egal.

Alle Frauleute, ich übrigens auch, schluchzten vor Rührung und besonders Mia Stapelkötter als Brautmutter weinte mindestens zwei Häkeltaschentücher nass – also alles, wie sich dat für bei 'ne orntliche Hochzeit gehört.

Auch beim Sektempfang und anschließendem Festmahl im besten Hotel der Stadt gab's zunächst nix zu meckern. Nach 'ne leckere Vorspeise hielt Rudi als Brautvater de Brautrede, rührend, herzlich und erfreulich kurz, wat allgemein dankbar zur Kenntnis genommen wurde. Man prostete sich zu, ließ das Brautpaar hochleben – und dann freuten sich alle auf den Rehrücken mit entsprechende Beilagen, der auf 'ne aufwendig gestaltete Speisekarte angekündigt worden war.

Mia gab einem der Kellner 'n Zeichen, dat jetzt der Hauptgang serviert werden durfte, und kurz drauf erschien auch schon ein Ober mit de erste Bratenplatte auf'm Arm inne Pendeltür vonne Küche zum Saal ... und von da an lief zeitlich alles aussem Ruder: Am unteren Tischende wurde ans Glas geschlagen, klingling: Onkel Otto, Gerfrieds Patenonkel, wollte – entgegen alle Abmachungen! – seinerseits 'ne Rede halten.

Schrecksekunde! Wat nun? Tuscheltuschel!

Onkel Otto, berühmt-berüchtigter Tischredner bei jeder Gelegenheit, aber schon 'n bisken tüddelig, war schon Wochen vorher gebeten worden, sich bitte! bitte! *diesmal* zurückzuhalten. Aus wat für Gründe auch immer fühlt der sich nämlich bei jede Familienfeier berufen, seinen Senf in Form einer Tischrede dazuzugeben. Als ehemaliger Bänker redete er aber immer wieder und immer nur von Geld, wat längst keiner mehr hören will. Deswegen sollte seine Frau, Tante Agnes, ihm schonend beibringen: „Bei Gerfrieds Hochzeit keine Tischrede – Rudi, der Brautvater, wird die Brautrede halten."

Aber entweder war dat nich deutlich genug rübergekommen oder wie oder wat, jedenfalls:

Klingeling! Onkel Otto hatte sich erhoben.

Mia krichte von jetzt auf gleich hektische rote Flecken am Hals. Mit verzweifelte Armbewegungen gab se dem Ober inne Pendeltür Zeichen: Zurück inne Küche! Der kuckte erst fragend, zuckte dann mitte Schultern und machte kehrt.

Onkel Otto räusperte sich, faltete ein mindestens dreiseitiges Manuskript ausnander und legte los.

„Lieber Gerfried, liebe Gertrude." Der erst Lacher!

Tante Agnes tuschelte ihr'm Mann wat inne Ohren.

„Ach so – lieber Gerfried, liebe Gerda." Der zweite Lacher!

Allgemeines Rufen: „Gerlinde heißt die Braut!"

„Wie bitte? Ach so …" Räusperräusper – noch'n Schluck Wasser –

„Lieber Gerfried, liebe Gerlinde. Nun also ist der von uns allen längst erwartete Tag gekommen, da ihr euch endlich getraut habt, eure Groschen zusammen zu tun und …"

Änne, der fing quasi mit de Zahlungsmittel von Adam und Eva an. Mia rannte inne Küche, de Pendeltür pendelte hin und her – bis Mia mit inzwischen hochrotem Kopp wieder in'n Saal kam.

Onkel Otto war in sei'm Element. „Am Anfang einer glücklichen Ehe stehen zwei wichtige Bücher: Das Sparkassenbuch und das Gebetbuch."

Der dritte Lacher!

„Guter Gag, Onkel Otto: Sparkassenbücher und Gebetbücher sind so gut wie out, hahaha."

Onkel Otto ließ sich nicht aus'm Konzept bringen: „Wenn bei Brautleuten diese beiden Bücher zusammenpassen, dann ..."

Laberlaberlaber, ohne Punkt und Komma. Zwischendurch 'n Schluck Wasser. Nächste Manuskriptseite, nachdem de erste in Tante Agnes' Weinglas gefallen war. Heftiges Gewedel mit Servietten – Onkel Otto, etwas irritiert lächelnd, faselte weiter. Der Oberkellner flüsterte mit Mia, kuckte wieder und wieder auffe Uhr, inne Pendeltür drängelten se sich inzwischen zu dritt, voll bepackt mit dampfende Schüsseln, aber Onkel Otto war erst beim Vorteil – oder war's der Nachteil? – von ehevertraglich vereinbarte Gütertrennung und entsprechende Steuervorteile – oder waren's Nachteile? Wat weiß ich?

Endlich platzte dem Brautvater der Kragen. Er klopfte seinerseits ans Glas: Klingeling!

„Genug gegrübelt, lieber Onkel Otto. Bevor du beim Nachteil oder Vorteil der Zugewinngemeinschaft im Falle einer Ehescheidung ankommst, möchten wir vorher noch unser heutiges Festessen aus Anlass der Eheschließung von Gerfried und Gerlinde zu uns nehmen – ich bitte die Küche nunmehr ..."

Donnernder Applaus! Die Kellner trugen endlich ihre Schüsseln und Platten rein, die Gläser wurden zum x-ten Mal nachgefüllt – Guten Appetit und prost! Onkel Otto setzte sich, faltete sein Manuskript zusammen und war zutiefst beleidigt.

Aber – seine endlos lange Rede war dem Menü nich gut bekommen. Der Rehrücken war zwar warmgehalten worden, aber durch die lange Wartezeit durchgegart und nicht mehr rosa, de Beilagen ... na ja, Schwamm drüber! Änne, der Küche konnte man nich anlasten, dat dat Gemüse mehr oder weniger verkocht war, dat dat Eis vom Nachtisch inzwischen als 'ne Art Pudding inne „reichhaltige Beerenauswahl" schwamm und auch vonne Textur her nich mehr so fotogen war, dat man dat via Smartphone für de Ewigkeit aufbewahren mochte. Aber noch schlimmer war, dat durche Zeitverzögerung de meisten Festteilnehmer viel zu viel gesüppelt hatten.

Deswegen kam dat Gruppenfoto auffe Außentreppe vom Hotel nur noch im Eilverfahren zustande. De Gäste liefen wie 'n Haufen Hühner durchnander und Mia war kurz vor'm Weinkrampf. Und als eins vonne „Engelkes" zu allem Überfluss auch noch in ein'n Hundehaufen getreten war und mindestens vier Frauen sich um de weißen Schühkes und den Gestank kümmern mussten, konnte der Fotograf nich mehr so lange warten, bis alle sich orntlich fürs Familienfoto aufgestellt hatten Er machte nur 'n paarmal klick-klick und war weg zu sei'm nächsten Termin.

De Brautmutter suchte in ihre Handtasche unentwegt nach frische Taschentücher, als ausgerechnet Onkel Otto, der ja genaugenommen mit seine überlange und unerwünschte Tischrede dat ganze Desaster mitverschuldet hatte, de etwas bedröppelte Stimmung rettete. Er saß, allerdings mit erkennbare Schlagseite, auffe unterste Treppenstufe vor'm Hotel und krähte plötzlich lauthals: „In Hundescheiße treten bedeutet Glück und reichen Geldsegen! Alte Bänkerweisheit!"

„Bravo, Onkel Otto! Und prost, prost, prösterchen!" Endlich krichte er doch noch mächtig Applaus.

Und als de Neuvermählten schließlich zur Hochzeitsreise und de Gäste für nach Hause aufbrachen, waren sich alle einig: So fidel und duun war'n wer noch bei keine Hochzeitsfeier.

Übrigens – wat Gerlinde betrifft: Ich weiß zufällig, dat die 'n bisken abergläubisch is. Wahrscheinlich nimmt die den Hundehaufen tatsächlich als gutes Omen für 'ne glückliche Ehe.

***

P

WIE

POTLUCK-PARTY

Hallo Änne, hier is Lisbeth … Kannst du mit dem Wort „Potluck-Party" wat anfangen? Nä? Ich auch nich, aber unser Yvonne hat's mir erklärt: Dat is Englisch, und 'ne Potluck-Party is 'ne Party, wo jeder Gast in ei'm „pot", also in ei'm Pott oder in eine Schüssel, wat zu essen mitbringt, und wenn man „luck", also Glück hat, dann schmeckt dat Mitgebrachte auch jedem. Die einladende Hausfrau stellt dann nur de Räumlichkeiten und de Getränke zur Verfügung. Für dat „potluck", also das Glück inne Schüsseln, sind de jeweiligen Gäste selber verantwortlich.

Ich finde dat übrigens 'ne sehr praktische Idee. De Gastgeberin muss dann nich alles alleine kochen oder zubereiten und kann de Party ebenfalls genießen.

Wie ich da überhaupt drauf komme?

Eine ehemalige Klassenkameradin von unser Yvonne, Meyerings Petra, die damals nach Amerika geheiratet hat, kommt nach Jahren wieder mal auf Heimatbesuch und möchte gern die Mädchen aus ihrer alten CdU-Clique wiedersehen. Wie bitte? Ob die alle inne CDU sind? Nein, dat ja nun doch nich. Die ham sich als junge Dinger bloß so genannt: CdU = Club der Ungeküssten. Du, dat soll es in Yvonnes Generation noch gegeben ham: Mädchen, die mit vierzehn Jahren noch keinen festen Freund hatten und noch ungeküsst waren. Meyerings Petra jedenfalls steht mit fünf der ehemaligen Ungeküssten noch in lockerem Briefkontakt und hat se unser Yvonne gebeten, ob sie die nich zu 'ne Potluck-Party zusammentrommeln könnte. Wenn dat klappen würde – also dat wär doch zu schön.

Unser Yvonne, die selber ziemlich lange selber Mitglied im Club der Ungeküssten war, hat natürlich sofort zurückgemailt: Ja klar, machen wir.

Hat se die fünf Ehemaligen erstmal zu 'nem „brainstorming" eingeladen: Wer macht mit bei 'ne Potluck-Party zu Ehren von Meyerings Petra? – Alle!

Natürlich musste der Begriff „Potluck-Party" erstmal erläutert werden, aber waren sofort alle begeistert von der Idee. Dann wurden de Details besprochen: Wer bringt welche Art von „Schüsselglück" mit? Wer macht 'ne Vorspeise, wer dat Hauptgericht, wer hat 'ne Idee für'n Nachtisch? Sowat muss bei 'ne Potluck-Party im Vorfeld natürlich abgeklärt werden, dat nich womöglich alle dat selbe anschleppen.

„Soll dat 'ne Grillfete werden?"

„Nä, dat is immer so 'n Gehampel, bis de Kohle de richtige Glut hat ... und wenn's regnet und man kann nich draußen sitzen? Nä, lieber nich."

Also 'ne Potluck-Party ohne Grill, aber natürlich mit Essen. Wer macht was?

Wurden se sich schnell einig, dat dat doch am schönsten wär, wenn man irgenswie echte münsterländische Gerichte anbieten könnte, solche, wo Petra vleicht Heimweh nach hat und wat se vermutlich in Amerika selten oder nie zu essen kricht.

Wat also is typisch münsterländisch? De Köppe rauchten.

„Wie wär's mit Pfefferpotthast? Das kann man gut vorbereiten und schmeckt jedem Münsterländer."

Prima, Pfefferpotthast als Hauptgericht, wer macht 'ne Vorspeise?

„Ich kann ein'n leckeren Pfifferlingssalat. Den kennen se in Amerika bestimmt nich."

Perfekt!

Auf einmal kam eine auf die Idee: „Potluck-Party für Petra: Pfefferpotthast, Pfifferlingssalat ... warum machen wir nich alle wat mit P! Ich bring zum Nachtisch westfälischen Preiselbeerquark mit Pumpernickel* mit."

„Und wie wär's mit Pflaumen in Rotweinsoße? Nachtisch hat man nie genug."

„Und ich backe 'ne Dose voll Piepkuchen dazu, die schmecken immer, nicht nur an Silvester."

Und Yvonne, die für de Getränke sorgt? „Hast du 'n Getränk mit P auf Lager?"

„Ja, mehrere: Prosecco, Prickelwasser, Pils, Pinot noir und spät abends noch 'ne Pfirsichbowle."

Hurra, 'ne Potluck-Party für Petra mit lauter Ps.

Änne, und die Ex-CdU-Frauen ham dat durchgezogen!

Petra hätte sich gar nich wieder eingekricht vor Rührung, soll sogar 'n paar Freudentränen vergossen und gesagt ham, dat wär de allerallerschönste Potluck-Party ihres ganzen Lebens gewesen. In Amerika würde man öfter zu Potluck-Partys eingeladen, aber: „Dat ihr euch sogar münsterländische Gerichte habt einfallen lassen!" Lauter Sachen, wo sie manchmal echt Heimweh nach hat! Und weil dat Wetter mitgespielt hat, wärs 'n langer Abend geworden mit „Wisst ihr noch, wer eure erste Liebe war? Und mal ehrlich: Wer von euch war damals tatsächlich noch ungeküsst und zu Recht CdU-Mitglied? Ungelogen und Kreuz inne Hand?" Dat Lachen hat man noch drei Straßen weiter gehört. Erst nach Mitternacht ham alle ihre leeren Pötte und Schüsseln wieder mit nach Hause genommen, und Yvonne hätte 'n annern Morgen nur noch de Teller und Gläser zu spülen gehabt.

Potluck-Party? Ich könnte mir vorstellen, dat die auch bei uns Mode wird.

* *Pumpernickelquark: 500 g Quark, ca. ½ Tasse Milch, 2-3 Essl. Zucker, 125 g Pumpernickel, 4 Essl. Rum, 100 g dunkle Schokolade, ca. 1 Tasse Preiselbeerkompott.*
Quark, Milch und Zucker mischen, glattrühren und in eine Glasschale füllen. Den Pumpernickel zerbröseln, mit dem Rum beträufeln und auf die Quarkschicht geben. Darauf eine Lage Preiselbeeren verteilen und dick mit der geriebenen Schokolade bestreuen.

***

Q

WIE

QUER DURCHE SPEISEKAMMER

Hallo Änne, hier is Lisbeth … hasse de heutige Zeitung schon gelesen? Nein, ich meine nich de Todesanzeigen, obwohl – unter uns gesagt: die lese ich auch immer zuerst und freu mich jeden Tag, dat mein oder dein Name noch nich mittem schwarzen Rand drumrum drinstehen.

Nein, ich sprech vonne Seite „Aus aller Welt." Da is nämlich wieder mal in ei'm Artikel zu lesen, dat fast ein Drittel von alle Lebensmittel hierzulande nich auffem Teller oder irgenswie im Magen vonne Verbraucher, sondern im Abfall landen. Und werden meistens nichmal ordnungsgemäß inne alte Zeitung eingewickelt und inne Biotonne entsorgt, sondern ratzfatz ins Klo gekippt.

Essen wegwerfen? „Todsünde!", hätte meine sparsame Oma gesagt. Bei der wurde nie wat weggeworfen.

Wenn wir als Kinder bei Oma und Opa inne Ferien sein durften und nach'em Frühstück schon fragten: „Was gibt's heute zum Mittagessen?" Dann lächelte Oma oft geheimnisvoll und sagte: „Ich weiß es noch nicht, aber ich geh mal quer durche Speisekammer." Und dat war immer 'n Grund zur Vorfreude. Wat immer inne Speisekammer aufbewahrt wurde – Kartoffeln, Möhren, Zwiebeln, Kappes, vleicht Äpfel oder anderes Obst, Eier, Milch, frisches und trockenes Brot, 'n Stück Speck, 'n kleines Fass mit Sauerkraut oder Schnibbelbohnen, vleicht 'n paar Gläser Eingemachtes ... Oma machte wat draus, zum Beispiel *mein* persönliches Querdurche-Speisekammer-Lieblings-Essen: *Himmel und Erde.*

Dafür werden Äpfel und Kartoffeln durchnander gekocht – erst de kleingeschnittenen Kartoffeln in'n Pott, etwas später kommen de Apfelstückskes dazu, dann dat Kochwasser abgießen, geröstete Speckwürfel und vor allem viel knusprig gebratene Zwiebelringe obendrauf – fertig! Und die Zwiebeln röstete Oma selber – heute kannste ja sogar geröstete Zwiebeln im Päcksken kaufen, aber damals? Auch wenn's die zu Omas Zeiten schon gegeben hätte – nä! „Sonst noch wat?"

Oma schnitt 'ne dicke Zwiebel – oder auch zwei – in feine Ringe, wobei sie immer mal wieder das alte Kinderrätsel abfragte: „Ich hab mehr als sieben Kleider und brauch doch keinen Schneider. Und wer mir die Kleider auszieht, der muss weinen. Was ist das?" Die Lösung kannten wir alle: „Oma, das ist 'ne Zwiebel!"

Dann kippte Oma de Zwiebelringe in ein'n Durchschlag oder in ein Sieb, stäubte tüchtig Mehl drüber, schüttelte dat überschüssige Mehl ab und röstete de Zwiebel in heißem Pflanzen- oder Butterfett schön langsam braun und knusprig. Und die als Krönung über die gekochten Kartoffel- und Apfelstückskes? Du, da fragte keiner nach zusätzlich Fleisch oder Wurst.

Oder wenn mal Nudeln übriggeblieben waren – Oma machte mit vleicht 'n par Streifen gekochtem Schinken und 'ne Eiermilch den herrlichsten Auflauf draus. Egal, wat quer durche Speisekammer zu finden war: Oma fiel immer irgenswat ein. Und wir Kinder? „Dat mag ich nich" – gab's nie!

Wenn Opas Hühner tüchtig gelegt hatten, gab's wat, wo man viele Eier für braucht: z. B. selbstgemachte Käsespätzle. Oder wenn mal etwas schon älteres Toastbrot wegmusste: Arme Ritter mit Zimt und Zucker drauf. Und manchmal lag nach ei'm heftigen Regenschauer tüchtig Fallobst inne Wiese, dann gab's Apfelpfannekuchen mit Vanillesoße dazu: Mindestens zehn große Apfelpfannekuchen nach und nach abbacken, übernander gestapelt im Ofen warmhalten und dann wie 'ne Torte in 12 dicke Stücke geschnitten – Lecker- leckerlecker!

Und jeden Abend gab's Süppken: Milchsuppe mit Gries oder Haferflocken. Mhm!

Heute werden de meisten Lebensmittel ja nich mehr inne Speisekammer aufbewahrt, sondern im Kühlschrank frisch- gehalten. Aber damals?

Erst seit 1949 gibt's in ganz Deutschland flächendeckend Strom und auch Oma kochte später nich mehr „Quer durche Speisekammer", sondern bestenfalls „Quer durchen Kühl- schrank" bzw. „durche Gefriertruhe". Seit so gut wie alle Leute statt 'ne Speisekammer 'n Kühlschrank ham, findest du außerdem in jedem Haushalt zig andere Elektrogeräte, von denen unsere Omas nichmal träumen konnten:

Herd mit Backofen, Dunstabzugshaube, Mikrowelle, Kühlschrank mit Gefrierfach, Spülmaschine, Kaffeemaschine, Wasserkocher, Brotschneidemaschine, Toaster, Eierkocher, Mixer, Rührgerät, Waffeleisen, Radio ... Im Putzschrank steht der Staubsauger, der kleine Krümelsauger daneben, im Keller de Waschmaschine und der Trockner, im Bad der Föhn, de Lockenschere, de elektrische Zahnbürste, der beleuchtete Vergrößerungsspiegel ... und erst im Wohnzimmer? Noch 'n Radio, Fernseher, CD-Player, eine Deckenleuchte, drei Stehlampen ... und sonstwo im Haus? Telefon, Computer, Drucker, Laptop, Faxgerät ... Und wenn ich de elektrischen Geräte aufzählen sollte, die bei de meisten Männer im Keller rumstehen? Bohrmaschinen, Akkuschrauber, Stichsägen, Kreissägen, zig andere Sägen? Die könnt ich an fünf Hände nich aufzählen. Und im Garten? Heckenschere, Rasenmäher, Kantenschneider und Co? De grauenhaften Laubsauger sollte man allerdings verbieten! Und de übrigen Krachmacher?

Nä, früher war nich alles besser, wohl aber Omas „Quer durche Speisekammer".

***

R

WIE

REIBEPLÄTZCHEN

Hallo Änne, hier is Lisbeth … Wat gibt's heute bei dir zu essen? Hmm, Reibeplätzchen? Au ja, da hätt ich auch mal wieder Apptit drauf. Mit selbstgemachtem Apfelkompott, is klar. Reibeplätzchen ohne Apfelkompott? Vergiss es! Ein Ding der Unmöglichkeit! Übrigens fällt mir bei Apfelkompott immer Müllers Nelli ein, weil die nich Apfel*kompott* sagt, auch nicht Apfel*mus*, sondern „Apfel*kompoo*"! Nelli behauptet, dat Wort „Kompott" käme ursprünglich aus'm Französischen und da spräche man dat letzte „t" in einem Wort nich mit, und bei Wörtern mit zwei „tt" schon mal gar nich. Überhaupt wär de korrekte Aussprache von Fremdwörtern eine Frage von Bildung, und weil Nelli sich für gebildet hält, sagt se Kompoo statt Kompott.

Wo se dat her hat? Keine Ahnung. Nelli weiß ja gern immer alles besser. Wat die sich manchmal ausse Finger saugt … packs dir an'n Kopp.

Müllers Nelli und gebildet? Egal, lass mich jetzt nich über Abwesende lästern. Wie bin ich überhaupt auf Müllers Nelli gekommen? Ach ja, wegen Reibeplätzchen mit Apfelkompoo ...

Übrigens: Inne sogenannte „Haute cuisine" servieren moderne Köche neuerdings gern Räucherlachs zu Reibeplätzchen. Aber wer letztens diese Fernsehsendung gesehen hat, in der se gezeigt ham, dat heute so gut wie alle Lachse ausse Aquakultur kommen und wie die gezüchtet und vor allem mit wie viele Medikamente die gefüttert werden, der isst auch weiterhin lieber Apfelmus bzw. Apfelkompoo zu Reibeplätzchen. Am besten schmecken se natürlich frisch ausse Pfanne und womöglich mit Speckfensterkes drin, wie damals bei Oma Schulte. Änne, wenn ich da nur dran denke, läuft mir noch heute dat Wasser im Mund zusammen.

In meine Kinderzeit durften wir Freitagsabends zur Melkzeit beim Bauern nebenan 'n Liter Milch holen. Meistens ging mein kleiner Bruder mit, der durfte de Düppe* tragen. Wenn wir Glück hatten, stand Oma Schulte genau dann, wenn wir kamen, mit 'ne gestreifte Schürze vor'm Bauch am Herdfeuer unterm Bosen** und war am Kartoffelpannekoken*** backen. De ganze Familie war schon ummen großen Küchentisch versammelt und einer nach'em annern bekam 'n frischen Pannekoken derekt ausse Pfanne auf 'n Teller. Und mitten auffem Tisch stand 'ne Riesenschüssel mit Apfelmus und jeder nahm sich 'n dicken Klacks davon.

Während einer von denen mit unsere leere Düppe in'n Kuhstall ging und kurz drauf mit de volle Düppe wieder inne Küche kam, standen Ludwig und ich artig wartend anne Tür und leckten uns de Lippen. Und meistens fragte Oma Schulte dann: „Na, ihr beiden, mögt ihr auch wohl 'n Kartoffelpannekoken?" Natürlich koppnickten Ludwig und ich, schüchtern und erwartungsvoll.

„Ja? Dann setzt euch man da auffe Ecke mit bei."

Wat 'ne Seligkeit! Kurz drauf krichten wir jeder 'n dicken, heißen, fettigen Kartoffelpannekoken mit mindestens drei kross gebratene Speckfensterkes auf den blank gescheuerten Holztisch gelegt und durften den mitte Finger essen – wenn auch ohne Apfelmus. Änne, den Geruch und den Geschmack habe ich heute noch in Nase und Mund, dabei is dat doch schon so lange her.

So gesehen hast du recht: Kartoffelpannekoken bzw. Reibeplätzchen oder „Rievkoken", wie se annerswo heißen, sind genaugenommen ein wahres Festessen. Aber geh mir los mit Teig ausse Fertigpackung – nä, de Kartoffeln müssen von Hand oder mit 'ne Drehmühle möglichst fein gerieben werden, und da muss 'n Ei rein und entsprechend Salz, und wenn de Kartoffeln ganz frisch ausse Erde kommen und noch nich abgelagert sind, dann gehören da ein bis zwei Esslöffel Haferflocken zum Binden mit rein. Und für zum Braten möglichst kein Butterfett nehmen, sondern Schmalz oder Pflanzenfett, auf jeden Fall kein Palmfett! Aber wem sag ich dat?!

Am allerbesten schmecken frische Reibeplätzchen natürlich mit wenigstens drei Speckfensterkes drin – wie damals bei Oma Schulte. Und wenn tatsächlich welche übrigbleiben: kalt zum Abendessen, mit oder ohne Brot – lecker! Da kriegt man inne Fremde Heimweh nach.

Änne, morgen gibt's bei mir Reibeplätzchen, danke für den Ratschlag. Natürlich mit Apfelkompott und nich mit Kom*poo* ... Müllers Nelli kann mir den Buckel runterrutschen!

*	Milchkanne mit Henkel zum Tragen
**	Rauchfang über dem Herd
***	westfälisch für Reibeplätzchen bzw. „Rievkoken" im Rheinland

***

S

WIE

SCHWEIZER RÖSCHTI

Änne, hasse 'n Moment Zeit? Ich bin ganz happy, weil ich letzte Woche per Zufall an ein Rezept für 'ne berühmte Schweizer Spezialität gekommen bin: Echte „Röschti". Nä, nich diese kleinen runden Kartoffelplätzchen, die in manche Gaststätten als „Röstis" auffe Speisekarte stehen. Die schmecken zwar auch ganz akzeptabel, aber sind wat total anderes als 'ne echte Schweizer Röschti, *das* Nationalgericht vonne Eidgenossen. Da schwärmt jeder von, der schon mal inne Schweiz war – und ich, Lisbeth, hab heute Mittag 'ne echte Röschti gegessen!

Sowat von lecker! Könnt ich mich reinsetzen! Ich mag ja sowieso alles gerne, wat man aus Kartoffeln machen kann, und jetzt kann ich auch „Röschti".

Wie ich an dat Rezept gekommen bin? Du wirst lachen – weder aus ei'm Kochbuch noch aussem Internet, sondern von eine original Schweizerin. Die saß im Bus direkt hinter mir und hat se sich mit ihre Sitznachbarin über Schweizer Kochrezepte unterhalten. Dat die ausse Schweiz kommt, konnt' ich derekt hören – die Schweizer sprechen ja, auch wenn dat „Schriftdeutsch" sein soll, mit ei'm bisken anderen Zungenschlag als wir. Ich hör dat übrigens gerne, weil dat klingt irgenswie so gemütlich. Jedenfalls waren die sich am unterhalten über unterschiedliche Kartoffelsorten, mehlige und festkochende, und eine von den beiden hatte eben diese etwas zerknautschte Sprache drauf, die man von diesen Emil Steinberger ausse Glotze kennt, über den wir schon vor Jahren immer so herzlich gelacht ham.

Ich saß also im Bus für inne Stadt zu fahren und wollte einklich nur bis Haltestelle Poststraße, aber dann fiel hinter mir plötzlich dat Stichwort Röschti. Da bin ich so neugierig geworden, dat ich nich ausgestiegen, sondern weiter mitgefahren bin.

Änne, ich wollte Röschti immer schon mal machen, is mir aber nie so richtig geglückt – bis ich ausgerechnet bei 'ne Fahrt im Bus gelernt hab, wie man se zubereitet.

Also für 'ne gute Röschti fängt dat bei de richtige Kartoffelsorte an, und zwar sollen dat möglichst Festkochende sein. Und die müssen am Vortag als Pellkartoffeln gekocht werden, weil sich dann de Stärke inne Kartoffeln irgenswie besser entwickelt, aber dat hab ich nich genau verstanden, weil der Bus gerade da tüchtig Krach machte. Erst als wir umme Kurve rum waren, hab ich erfahren, dat de Pellkartoffeln am nächsten Tag gepellt und mit eine extra „Röschti-Raffel" gerieben werden müssen. Ne Röschti-Raffel soll 'ne Reibe mit irgenswie grössere Löcher drin sein, nich so feine wie für Reibeplätzchen. Und dann kommt Butterfett in eine Pfanne oder Schmalz oder Pflanzenfett, jedenfalls nix mit Palmfett. Und entweder gehackte Zwiebeln oder gewürfelter Räucherspeck, dat wär je nach Kanton unterschiedlich. Ein „Kanton" is inne Schweiz übrigens wat wir „Kreis" nennen. Und schon hielt der Bus anne Haltestelle Poststraße, aber weil die beiden Frauen hinter mir sitzenblieben und weiterfuhren, bin ich auch sitzengeblieben, weil ich ja unbedingt wissen wollte, wie dat mitte Röschti weitergeht.

Ab jetzt is dat so ähnlich wie wenn wir Bratkartoffeln machen. De geriebenen Kartoffeln inne heisse Pfanne tun, Salz drauf, alles schön langsam braun werden lassen, mit ei'm „Schüfeli" – Änne, klingt dat nich gemütlich? – also mit ein'm Pfannenwender immer schön wenden, bis de Kartoffelribbelkes möglichst gleichmäßig angebräunt sind.

„Erst ganz zum Schluss wird der Inhalt der Pfanne mit dem Schüfeli zu einem Kuchen zusammengestoßen, mit Hilfe von einem großen Deckel gewendet und, wenn auch die zweite Seite schön angebacken ist, auf einer Röschtiplatte serviert. Dazu essen wir gerne ‚Ochsenaugen', also Spiegeleier, und einen feinen Salat". Dat sagte se in diese Singsang-Sprache – ich war hin und weg. Und wie's der Zufall will, waren wer genau da anne Endstation vom Bus angekommen und mussten wer alle aussteigen. Die beiden Frauen gingen zusammen nach links weg und ich stand da, weit weg von wo ich einklich hinwollte, aber wenigstens mit ei'm original Röschti-Rezept im Kopp.

Hab ich den Busfahrer gefragt, wann er wieder zurück inne Stadt fährt, sagt der doch glatt: „Erst in einer halben

Stunde. Sie müssen sowieso nachlösen, weil Sie nur ein Tikket zum Innenstadttarif ham". Hat er aber bei gegrinst. Da hab ich ihm erzählt, weswegen ich so weit mitgefahren bin, nämlich wegen dem Röschti-Rezept. Ach, sagt er, dat wär ja intressant, ob ich's noch im Kopp hätte, dat er's für seine Frau mitbringt?

Änne, dann ham wer uns im Bus inne erste Reihe gesetzt, er hat sich dat Rezept in sein Smartphone getippt, ham wer noch 'n Pröatken* gehalten, de halbe Stunde war im Nu rum. Und, Änne, beschwören kann ich's nich, aber vermutlich gab dat am nächsten Tag bei dem Busfahrer zu Hause datselbe wie heute bei mir, nämlich echte Schweizer Röschti mit Spiegeleiern und Salat.

Und dat gibt's von jetzt an öfter …

* Schwätzchen

***

T

WIE

TISCHGEBETE

Hallo Änne, hier is Lisbeth – wat mir gerade in'n Kopp kommt: Wird bei Euch inne Familie einklich vorm Essen noch gebetet? Ach so … ja, de Zeiten ändern sich. Früher war dat – wenigstens in katholische Familien – 'ne Selbstverständlichkeit, dat zumindest vorm Mittagessen 'n Tischgebet gesprochen wurde. Wie ich auf dat Thema komme? Darüber hab ich neulich beim Friseur in ei'm von diese Blättkes sowat wie 'ne wissenschaftliche Abhandlung gelesen: Vorm Essen zu beten, dat hätte 'ne uralte Tradition: Ganz früh schon hätten se inne Klöster Tischgebete gebetet, und zwar mit oft ellenlange Gebete. Dat hätte allerdings nich nur fromme, sondern ganz praktische, sogar vernünftige Gründe gehabt. Offensichtlich hätten se damals inne Klöster unter den Mönchen oder Nonnen schon so 'ne Art moderne Ernährungswissenschaftler gehabt, weil dat gilt ja heute noch, dat dat für de Verträglichkeit von Speisen und

Getränke wichtig is, dat einem der Mund wässerig wird. Und darum: Wenn de Mönche – oder de Nonnen – de dampfenden Schüsseln auffem Tisch nur schon gesehen hätten, dann wär denen dat Wasser im Mund zusammengelaufen, und je länger dat Tischgebet dauerte, desto mehr. Spucke sammeln vorm Essen is wichtig für de Bekömmlichkeit vonne Speisen und erst recht für de spätere Verdauung.

Also bei Anton seine Tante Irmgard wird bis auf'n heutigen Tag vor'm Essen gebetet, wat bei ihre Kochkunst allerdings oft auch dringend nötig is. Wat die manchmal auffen Tisch bringt!

Letztens erst: Anton, Patrick und ich waren bei Tante Irmgard, für dat wer ihr im Garten 'n bisken helfen. Grünabfuhr war angesagt, und dat kann se in ihr'm Alter alleine nich mehr schaffen. Hat se sich über unser Hilfsangebot auch tüchtig gefreut und sogar in Aussicht gestellt, wir dürften zum Dank bei ihr zu Mittag essen. Da waren wer aus de genannten Gründe gar nich sooo erpicht drauf, und erst recht nicht, als Tante Irmgard nach unserm Arbeitseinsatz 'n großen, dampfenden Pott Graupensuppe auf'n Tisch stellte. Einklich mögen wir alle 'ne gute Graupensuppe mit 'n Stücksken Kassler drin ganz gern, aber wenn Tante Irmgard die gekocht hat – na ja. Jedenfalls: Bei dem Anblick lief keinem von uns dat Wasser im Munde so richtig zusammen.

„Patrick, sprichst du das Tischgebet?"

Nä, sagte Patrick, so auf Anhieb fiele ihm kein Gebet ein. Also musste Tante Irmgard selber tätig werden. Die hat ja im Lauf von ihr'm langen Leben 'ne ganze Reihe unterschiedliche Gebete gelernt und auf Abruf bereit, sogar welche für nach'm Essen, obwohl dat dann ja keinen Sinn mehr macht, 'n wässrigen Mund zu kriegen.

Oh Herr, von dem wir alles haben,
wir danken dir für deine Gaben.
Du speisest uns, weil du uns liebst,
drum segne auch, was du uns gibst. Amen.

„Guten Appetit. Greift tüchtig zu!"

Anton und ich, wir sind ja noch in der Zeit groß geworden, als es hieß: „Was auf den Tisch kommt wird gegessen." Also ham wer nach dem Motto „Der Hunger treibts 'rein" zugeschlagen. Und auch Patrick hat sich als sehr wohlerzogen gezeigt und tapfer gefuttert, aber als er sei'n Teller leer hatte, sagte er: „Ich weiß jetzt 'n passendes Gebet für nach'em Essen, darf ich das gleich aufsagen?"

„Ja gerne", sagte Tante Irmgard überrascht und glücklich. „Dann lass mal hören."

Patrick legt artig den Löffel quer auffen Teller und legt los:

Wir danken dir für dieses Essen,
das wir so schnell wohl nicht vergessen.
Doch wenn du uns morgen nichts Besseres gibst,
glaub ich nich mehr, dass du uns noch liebst. Amen.

Mir blieb vor Schreck die Spucke weg. Am liebsten hätten wer ja gelacht, aber ich dachte, Tante Irmgard wär bestimmt beleidigt. Aber die fragte nur besorgt: „War's so schlimm?"

„Nein, nein", hab ich gesagt. „Patrick wollte nur'n Witz machen. Das Gebet hat er sich ausgedacht, dat steht in keinem Gebetbuch."

Aber de Stimmung war doch im Eimer. Anton versuchte de Situation zu retten und kramte in seine Erinnerungen nach passende Gebete für nach'm Essen. Sein Opa hätte immer nur gebetet: „Für Trocken und Nass, deo gratias." Wenn so kurze Gebete von Herzen kämen, dann wären die so gut wie de langen. „Deo gratias", also „Dank sei Gott", passt übrigens für vor und nach'em Essen. Hingegen „Rundum satt, wie schön is dat!" passt nur für nach'em Essen. Wat besonders bei Hausfrauen gut ankäme: „Herr, segne auch die gütigen Hände, die dieses Mahl für uns bereitet haben."

Hahaha …

Allmählich lockerte sich die Stimmung wieder, und Tante Irmgard fragte, ob einer von uns das Gebet mit der Schere kennt. Eines vonne Nachbarskinder, wat manchmal bei ihr essen darf, hätte letztens gesagt: „Beten Sie doch mal wieder das Gebet mit der Schere." Tante Irmgard hätte hin und her überlegt, aber se wär lange nich draufgekommen, welches Gebet gemeint sein könnte.

„Kennt einer von euch ein Gebet mit 'ne Schere?" Kopfschütteln, nachdenken – ein Gebet, wo 'ne Schere drin vorkommt? Nä … Bis Tante Irmgard das Geheimnis lüftete:

„Komm, Herr Jesus, sei unser Gast und segne, was du uns bes*chere*t hast."

Da war de Stimmung endlich wieder obenauf, besonders, als Tante Irmgard 'ne große Schüssel mit Nachtisch 'rein-

brachte: Quarkspeise mit Pumpernickel und Preiselbeeren, dick Schokoladenstreusel oben drauf – da kann man nich nur jeden Westfalen mit glücklich machen. Patrick ließ sich sofort noch'n Gebet für nach'em Essen einfallen:

Von Schwattbraut*, Quark und Preiselbeeren,
könnt ich mich jeden Tag ernähren.
Darum erhöre meine Bitte:
Lass Irmgard noch lange in uns'rer Mitte.

Mit dem Versmaß wär er noch nich ganz zufrieden, aber der Inhalt träfe hundertprozentig zu.

Tante Irmgard lief vor Rührung dat Wasser zwar nich im Mund, aber inne Augen zusammen. Und als wir gingen, sagte se zu Anton: „Dein Sohn wird unter Garantie kein Pastor, aber er hat das Zeug zum Dichter."

* westfälisch für schwarzes Brot aus Roggenschrot

***

U

WIE

UM ANTWORT WIRD GEBETEN

Hallo Änne, hier is Lisbeth … Also – wat Kathrina und ich gestern erlebt ham, dat hätt ich mir nie träumen lassen. Sachen gibt's die gibt's gar nich … Ich hatte dir doch erzählt, dat bei uns inne Nachbarschaft 'n Ehepaar neu eingezogen ist, nich? Er is einklich unauffällig, dafür sie dat Gegenteil: lange schwatte Haare, dramatisch geschminkt, ziemlich flippige Klamotten am Leib.

Alter? Kann man schlecht schätzen, aber den ersten Frühling ham se beide hinter sich. Is ja auch egal, sind nette Leute, machen kein' Krach, grüßen freundlich … wat will man mehr.

Vor 'n paar Tage klappert abends gegen sieben Uhr der Deckel von mei'm Briefkasten. Nanu? Als ich nachkucke, liegt da 'n Zettel drin, Überschrift: „Einladung". Unsere neuen Nachbarn wollten sich vorstellen und luden ein zu einem Imbiss mit anschließende Séance für Interessierte.

Datum, Uhrzeit usw. Und am unteren Rand von dem Zettel stand: U. A. w. g.

Ich fand dat richtig nett, aber: Wat heißt U. A. w. g.? Unser Yvonne wusstes natürlich, die hat ja Bildung gelernt: „**U**m **A**ntwort **w**ird **g**ebeten." Dat wär zwar heute nich mehr so gebräuchlich, aber bei vornehme Herrschaften stünde dat manchmal noch auf Einladungskarten, besonders wenn's wat zu essen geben soll. Wenn man 'ne Antwort auf seine Einladung kricht, dann weiß man als Gastgeber, auf wie viele Gäste man sich kulinarisch so ungefähr einstellen muss. Nich dat man für dreißig Leute Schnittchen vorbereitet und dann kommen nur zehn. „Um Antwort wird gebeten" – find ich ganz praktisch.

Aber wat is 'ne Séance? Ich hatte keinen blassen Schimmer!

Zwei Tage später treff ich unsere neue Nachbarin beim Einkaufen und komm mit ihr ans Küern. „Danke für die Einladung …, sehr freundlich, ich komme gern, aber wat is 'ne Séance?"

Hat se mich aufgeklärt: Übrigens, sie hieße Damasina und als Nachbarn könnten wer uns doch duzen und ich soll se Sina nennen. Kam für mich zwar etwas plötzlich und ungewohnt, aber schließlich: Warum nich? Hab ich mich auch vorgestellt: Lisbeth.

Und wat 'ne Séance betrifft – dat wär 'ne spirituelle Sitzung am runden Tisch, wo man mit ihr, also mit diese Sina als Medium, Kontakt mit Verstorbenen aufnehmen könnte bzw. mit denen ihr'm Geist.

„Au weia" – hab ich gedacht, aber sofort gefragt, ob ich meine Schwester, also unser Kathrina mitbringen dürfte, denn die hat's manchmal 'n bisken mit Gespenstergedöns und Auralesen und Horoskope und wat nich alle.

Aber ja, sagt Sina, alle Menschen, die de Spiritualität 'n bisken aufgeschlossen gegenüberstehen, wären herzlich willkommen. Sie müsste allerdings im Vorfeld fragen, ob wir zufällig 'ne Katzenallergie hätten, weil ihr Kater, Nathan, de wär bei solch Sitzungen selbstverständlich dabei und den könnte se schlecht wegsperren. Aber wenn einer von uns 'ne Katzenallergie hätte, dann ...

Nä, hab ich gesagt, wir wären zwar eher Hundefans, allergisch auf Katzen wären wer aber nich.

„Also dann auf Wiedersehen, wir freuen uns."

Und gestern war also das große Ereignis. Mit Kathrina, die natürlich begeistert zugesagt hatte, hatte ich vorher die längste Zeit überlegt, mit welchem Verstorbenen wir denn wohl gerne in Kontakt treten würden und wat wer den fragen würden. Ham wer hin und her spekuliert, aber schließlich is uns nur unser Tante Minchen eingefallen. Die war zu Lebzeiten 'ne echte Spökenkiekerin und hatte's derbe mitte Esoterik, konnte angeblich riechen, wenn 'ne Frau schwanger war und sowat alle. Also Tante Minchen wollten wer nach ihr'm Geheimrezept für 'ne bestimmte Sorte Heidelbeerschnaps fragen, wat se nämlich leider mit ins Grab genommen hatte, wat wer aber alle gern gehabt hätten.

Gestern Abend wir also hin.

Kathrina hatte extra noch Block und Bleistift mitgenommen, dat se dat Rezept sofort aufschreibt, falls Tante Minchen sich tatsächlich aus'm Jenseits meldet.

Sechs Frauen insgesamt hatten Sinas Einladung angenommen. Dat heißt, es hätten sich viel mehr angemeldet, aber Sina sagte, de einzelnen Séance-Gruppen dürften nicht zu groß sein, weil man de Geister vonne Verstorbenen manchmal schlecht versteht. De Stimmen kämen schließlich von weit weg.

Sinas Mann ließ sich nur ganz am Anfang blicken, als er 'ne Platte mit Fingerfood reinbrachte. Aber Nathan strich uns umme Beine. Kathrina wollte ne streicheln, aber da zog er ruckzuck ab.

Als wir de Platte mit Fingerfood leergegessen hatten, sollten wer uns im Nebenzimmer um ein'n runden Tisch setzen und mit beide Hände de Tischkante festhalten. Dann machte Sina dat Licht aus und bat um absolute Stille.

Änne, wat war ich froh, dat Kathrina neben mir saß, denn irgenswie wurde's in diese absolute Dunkelheit gespenstisch. Sina fing an zu summen und machte immer *omm* – Pause – *omm* – Pause – *omm* – Pause – aber nix passierte. Meinte se schließlich, jede sollte sich selber 'n „Mantra" ausdenken, um den gewünschten Geist auf uns aufmerksam zu machen.

Kathrina und ich kuckten uns an. Wat is 'n Mantra? Dat wär so 'n Wort oder 'n Vers, den man bei spiritistische Sitzungen immer und immer wieder so vor sich hinsagen muss, ihr Mantra wär heute omm – omm – omm.

Kathrina und ich einigten uns leise, dat wir als Mantra immer *u a w g – u a w g – u a w g – u a w g* murmeln wollten, aber Tante Minchen reagierte nich. „Die versteht womöglich de Abkürzung nich, lass uns mal versuchen mit *Um Antwort wird gebeten – um Antwort wird gebeten … um Antwort wird gebeten*", schlug Kathrina flüsternd vor. Denn auf Antwort warteten wer ja wirklich …

Plötzlich – ein Wahnsinnsgestank. Änne, mir blieb fast de Luft weg. Nä, dat konnte nie und nimmer unser Tante Minchen sein, die sich so meldete, denn die war in ihr'm Leben sowat von reinlich – Ob dat der Teufel is? Der soll ja streng riechen?

Plötzlich springt Sina auf, macht Licht, und ich seh gerade noch, wie Nathan unters Sofa kriecht. Und *auf* dat Sofa hatte er sich erleichtert, aber wie.

Sina rennt zum Fenster, reißt beide Flügel auf und kuckt uns vorwurfsvoll an.

„Die Séance is leider zu Ende. Ich muss mich um Nathan kümmern. Einer von euch hat was extrem Katzenfeindliches inne Aura, dat hat Nathan, hochsensibel wie er is, wahrgenommen und sich dagegen auf seine Art gewehrt. Nathan, Nathan, komm zu Mammi …"

Kathrina packte schnellstens Block und Bleistift in ihre Tasche und wir zogen ohne Tante Minchens Rezept für den Heidelbeerschnaps nach Hause, ham gekichert wie Blagen: „Katzenklo macht Katzen froh …" und „Geh mir weg mit spirituelle Sitzungen und Mantras."

Aber dann ham wer uns überlegt: Ganz unmöglich isses nich, dat Tante Minchen irgenswie ihre Finger mit im Spiel hatte. Die konnte Katzen nämlich auf'n Tod nich ausstehen.

***

V

WIE

VATERTAG

Hallo Änne, hier is natürlich wieder Lisbeth … War Kreienbaums Ewald letzte Woche auch bei dir und hat gefragt, ob er sich dein'n Bollerwagen ausleihen kann? Ach, du hast gar kein'n Bollerwagen mehr? Du, meiner is auch im letzten Sperrmüll gelandet. Tja, irgendwo sollen se wohl einen aufgetrieben ham, nämlich den brauchten se für ihr'n Vatertagsausflug.

Ewald und Anton, Rudi Stapelkötter und noch 'n paar andere Väter hatten sich vorgenommen, dat se gestern, also auf Christi Himmelfahrt, mal richtig Vatertag feiern wollten – weg von zuhause, ohne Frauen, ohne Blagen – einfach mal Männer bzw. Väter und unter sich sein. Und deshalb wollten se 'n Ausflug machen und Bier und Grillzeug mitnehmen und dafür brauchten se 'n Bollerwagen oder 'n anderes Gefährt, wo se ihr'n Krempel mit transportieren konnten.

Leider waren de Wetterprognosen laut ihre Smartphones alles andere als günstig, aber de Männer ham gesagt, auffen Wetterbericht kann man sich sowieso nich wirklich verlassen, dann schon eher auf die Narbe am linken Bein von Antons Tante Irmgard. Der ihre Narbe vonne Hüftoperation tut nämlich weh bei Wetterveränderungen und is in Sachen Vorhersage zuverlässiger als sämtliche Prognosen vonne studierten Wetterfrösche.

Als Ausflugsziel hatten se sich de Grillhütte vom Junggesellen-Schützenverein ausgekuckt. Die soll irgenswo anne Ems mitten im Wald liegen, knapp drei Kilometer weit weg. Dat is 'n überdachter Unterstand mit ei'm Tisch drin und 'n paar Bänke drumrum und für 'n Tischgrill is inne Extraecke Platz.

„So weit wollt ihr laufen? Zu Fuß?", hatte Mia Stapelkötter noch gefragt.

„Drei Kilometer? Lächerlich!" sollen de Männer gesagt ham.

Vorgestern Abend ham se alle nochmal auf ihre Smartphones rumgetippt für nache Wetterprognose zu kucken: Ziemlich kühl, aber voraussichtlich trocken.

„Und wat sagt Tante Irmgards linkes Bein?"

„Bis jetzt is noch alles paletti, aber de Narbe finge schon etwas an zu kribbeln, und Tante Irmgard garantiert für nix."

„Nehmt besser zur Vorsicht eure Ostfriesennerze mit," hatte Elfriede Kreienbaum noch geraten, aber Rudi war der Einzige, der einen dabei hatte. De anderen sollen abgewinkt ham: „So 'n bisschen Regen …"

De Männerriege hatte sich total selbständig mit Grillgut und Kohlen und Getränke und wat nich alles versorgt, Kathrina brauchte nix zu machen und hat sich richtig auf 'n freien Tag gefreut: Kein Mittagessen kochen müssen, vleicht nachmittags bei mir schön Kaffeetrinken …

Gestern morgen gegen zehn Uhr war der Himmel zwar bedeckt, aber kein Regen in Sicht. Sind se mit allemann und 'ner gut gefüllten Karre losgezogen, singend:

Am Donnerstag is Vatertag, da bleibt die Küche kalt.
Da wird gegrillt bei Sang und Klang fernab im grünen Wald.

Seit wann is dat einklich Usus, dat auf Christi Himmelfahrt Vatertag gefeiert wird? Egal …

Um zwölf Uhr kuck ich zufällig aussem Fenster: Es goss in Strömen, jedenfalls bei uns inne Ecke. Aber dat musste ja nich bedeuten, dat dat drei Kilometer weiter südlich auch schüttet.

Um halb eins klingelte mein Telefon: Mia Stapelkötter. Ob ich wüsste, wo dieser überdachte Unterstand vonne Junggesellen-Schützen läge und ob man da mit'm Auto hinfahren kann?

Nä, keine Ahnung, warum?

Rudi hätte angerufen, sie ham den Senf vergessen, ob Mia ihnen den bringen könnte? Und vonne Tankstelle noch 'ne Pulle Korn? Und wenn se eben bei Kreienbaums vorbeifährt, soll se Ewald sein'n Ostfriesennerz mitbringen. De Grillhütte vonne Junggesellen-Schützen wär schon bei ihre Ankunft von eine andere Gruppe Vatertagswanderer belegt gewesen und sie müssten zum Teil draußen stehn. Und Tante Irmgards linkes Bein hätte recht gehabt. Es regnete, aber derbe! Änne, ich konnte Mia leider nich helfen, aber vleicht weiß Kreienbaums Elfriede, wo der überdachte Unterstand vonne Junggesellen-Schützen liegt? Zwanzig Minuten später klingelt's wieder bei mir: Kathrina.

„Du, dat wird heute nix mit gemütlich Kaffeetrinken. Ich hab Anton angerufen, aber konnte nich mit ihm sprechen, so 'n Krach war da im Hintergrund. Mindestens zwanzig Männerstimmen war'n am Singen:

Im grünen Wald, dort wo die Drossel singt, Drossel singt,
und im Gebüsch das muntre Rehlein springt, Rehlein springt.
Wo Tann und Fichten stehn am Waldessaum,
verlebt ich meiner Jugend schönsten Traum.“

Keine Ahnung, wie die alle wieder nach Hause gekommen sind, aber so strumpelduun wär Anton seit Jahren nich mehr gewesen. Und so anhänglich. Er hätte an ihre Blusenknöpfe rumgefummelt und ihr wieder und wieder versichert, dat Kathrina die begehrenswerteste Frau wäre, die er je kennengelernt hat, aber so gelallt, dat se ihn nur mit Mühe verstanden hat. Und isses ihr geglückt, dat se ne ins Schlafzimmer bugsiert hat und wär er sofort eingeschlafen. Aber wenn man dem Sprichwort glauben kann, dat Kinder und Betrunkene de Wahrheit sagen, dann …

Änne, hat dir schon mal einer gesagt, du wärst begehrenswert? Nä, mir auch nich …

***

WIE

„WER LESEN KANN, KANN AUCH KOCHEN"

Hallo Änne, hier is Lisbeth … hasse schon gehört von Kreienbaums Ewald und sei'm neugegründeten Männerkochclub „De Schmachtlappen"? Hahaha – selten so gelacht!

Aber der Reihe nach:

Ewald hatte in eine Fernsehsendung gehört, wie wichtig dat is, dat Männer sich früh genug auf ihr'n Lebensabend vorbereiten. Und sich 'n Hobby zulegen, dat se nich eines Tages in 'n Loch fallen oder Depressionen kriegen, wenn se mit ihre Freizeit nix anzufangen wissen. Und hat er mit seine Stammtisch-Kumpel – also Rudi Stapelkötter, Echelmanns Ludwig und mei'm Schwager Anton – überlegt, wat se sich denn für 'n Hobby zulegen könnten, dat se dann nich bloß inne Kneipe und an ihr'm Stammtisch rumhängen, wenn se in Rente oder Pension sind.

Und sind se schließlich auf die Idee gekommen, dat se 'n Männerkochclub gründen wollten, weil seit ewige Zeiten gehören se bei die Sorte Männer, für die 's nix Schöneres gibt als essen. Denen läuft allein schon beim Blättern in ei'm Kochbuch oder beim Kucken von irgenswelche Kochsendungen inne Glotze dat Wasser im Mund zusammen. Vor allem sind se Fans von Martina und Moritz. Denen ihre Rezepte laden se sich aussem Internet runter und nerven ihre Frauen, dat die dat bei nächste Gelegenheit nachkochen sollen, wat Martina und Moritz sich immer nur so aussem Handgelenk schütteln. Aber weil de Gattinnen nich sofort vor Begeisterung inne Hände geklatscht ham, ham se sich gesagt: Dann kochen wir uns dat eben selber, denn: „So schwer kann's ja nun nich sein – wenn man de Rezepte und de Zutaten und de passenden Gerätschaften hat. Und – Änne, halt dich fest! – als Motto ham se sich geeinigt auf: ‚Wer lesen kann, kann auch kochen.‘"

Tatsache is, dat se alle vier fließend und fehlerfrei lesen können, aber von kochen war bislang nich de Rede. Gut, Echelmanns Ludwig kennt zumindest den Unterschied zwischen Omelett und Hamlet, aber de andern? Null! Anton kricht noch nichmal 'n Spiegelei so hin, dat dat Eigelb heile bleibt, aber dat hat se nich davon abgehalten, dat se gestern nach wochenlange Vorbereitungen ihre Frauen zur Premiere des Männerkochclubs „De Schmachtlappen" eingeladen ham. Und ich durfte dabei sein, weil ich hatte für jedes Gründungsmitglied 'n Paar dicke Pottlappen gehäkelt.

Kathrina hatte heimlich Pflaster, Verbandzeug und Brandsalbe besorgt, und Mia hatte sich sogar erkundigt, welche Notfallapotheke Notfalldienst hatte und sich de Nummer aufgeschrieben. Man weiß ja nie …

Um 19 Uhr sollte's losgehen. Ewald hatte mit'm Computer 'ne schöne Speisekarte gemacht, damit wir uns auf de Speisenfolge vorfreuen konnten. Als Vorspeise waren „Div. Grillgemüse und entsprechende Dips" angekündigt mit ei'm Spruch dabei:

Selbst der große Paul Bocuse*
hat angefangen mit Gemüse.

Als Hauptgericht war „Gans à l'orange aux herbes provencale und Beilagen" angekündigt. Dat hörte sich ja vielversprechend an. Zum Nachtisch war „Vanillemousse à la maison" vorgesehen. Dat is bei Kreienbaums Dr. Oetker ausse Fertigpackung und kannten wer schon, aber auf den Hauptgang war'n wer natürlich gespannt. „Wer lesen kann, kann auch kochen? Lass dich überraschen!"

Die vier Männer inne Küche, weiße Schürzen vor'm Bauch und hohe weiße Kochmützen auffem Kopp, hatten gesagt, de Damen brauchten ausnahmsweise mal nix zu tun.

„Setzt euch, entspannt euch, genießt den Abend. Heute beginnt für uns ‚Schmachtlappen' ebenso wie für euch eine herrliche, genussbetonte Zeit."

Also ham wer uns entspannt … schon mal den Chablis probiert, ob der de richtige Temperatur hat, ham uns wat erzählt und gewartet und gewartet …

Gegen 20.00 Uhr wurden de gegrillten Gemüse aufgetragen. Köstlich – vleicht etwas zu viel Knofi dran? Egal, wenn dat bei Martina und Moritz so steht, dann *muss* es köstlich sein. Und wir ham mit Lob nich gespart, ham Interesse nache Grillmethoden geheuchelt und so getan, als ob wer uns vor Bewunderung kaum einkriegen könnten.

Ewald hielt dat erste feierliche Menü vonne „Schmacht-lappen" mit sei'm Smartphone per Video fest und gab uns Regieanweisungen: „Lächeln, de Flasche mit Chablis zeigen, einschenken, zuprosten, trinken, lächeln, de Deko auffem Tisch und de kunstvoll gefalteten Servietten bewundern, lächeln, wieder trinken, wieder lächeln" – wir kamen ziemlich früh in lockere Stimmung und prosteten uns schließlich auch ohne Regieanweisungen lebhaft und lächelnd zu.

Und warteten …

Kurz vor zehn Uhr trug Rudi den Hauptgang auf: „Gans à l'orange aux herbes provencale." Da waren wer aber sprachlos: Gleichmäßig goldbraun und glänzend, mit weiße Kräuselmanschetten umme Böllekes, herrlich duftend, dekorativ umrahmt mit Orangenscheiben und kleine Kräutersträußchen, also wirklich – Hut ab! Echelmanns Ludwig goss tüchtig Calvados über dat Tier und Anton setzte dat Kunstwerk in Flammen. Ewald tanzte ummen Tisch rum und ging mit sei'm Smartphone gefährlich nah anne Flammen, bis de Kräuselmanschetten Feuer fingen. Da steckte er dat Phone schnell inne Schürzentasche und ging ans Zerlegen.

Aber – der Vogel widersetzte sich. Halbgar wie er war, sprang er vonne Silberplatte und ließ sich weder mittem Elektromesser noch mitte Geflügelschere bearbeiten. Elfriede fragte, ob se de Stichsäge aussem Keller holen sollte, aber dat wurde überhört.

Schließlich hatte doch jeder 'n ausgefranstes Stücksken Gans auffem Teller liegen, aber: *eine* Gans für neun Personen is nich dat meiste – und versalzen war se auch. Tja, und de Beilagen? Da sag ich jetzt mal nix zu, aber unser Lob war sehr verhalten. Auch de „Schmachtlappen" war'n nich gerade hellauf begeistert.

Als wer de Miniportionen ruckzuck alle auf hatten und de Männer de leeren Teller und Schüsseln inne Küche brachten, schenkte Kathrina unsere Gläser nochmal voll und sagte halblaut:

Nicht jeder ist schon ein Witzigmann**,
auch wenn er perfekt lesen kann.

Inne Küche war'n se sich lautstark am unterhalten. Ob se Martina und Moritz eventuell verklagen könnten, weil die so ungenaue Temperaturen für 'ne „Gans à l'orange" und so ungenaue Garzeiten angegeben hatten? Und ob se sich in Zukunft lieber an Rezepte von Lafer oder Schubeck halten müssten?

Wir Frauen aber waren weiterhin entspannt, genossen das Hier und Jetzt und Dr. Oetker ausse Fertigpackung. Und de Hobbyköche in spe trösteten sich schließlich mit dem Rest ausse Calvados-Flasche.

Elfriede meinte, so wie sie ihren Ewald kennt, überlegt der sich schon heute, ob er und seine Kumpels vleicht doch erstmal 'n „Kochkurs für Männer" inne Volkshochschule mitmachen sollten? Oder ob se sich für ihre alten Tage ev. doch 'n anderes Hobby zulegen könnten? Noch hätten se ja rund zwanzig Jahre Zeit …

*   französischer „Kochpapst"
** berühmter Münchener Sternekoch

***

X

WIE

XXL-PORTIONEN

Hallo Änne, hier is Lisbeth … Wat ham wer für herrliches Wetter! Um diese Jahreszeit! Man möchte am liebsten den ganzen Tag nur draußen sein, 'n Präötken halten mitte Nachbarn, überhaupt mal wieder unters Volk kommen …

Gestern hatt' ich richtig Lust auf 'n „Bad in der Menge" und bin auf 'n Wochenmarkt gegangen. War richtig schön. Von Zeit zu Zeit muss dat einfach sein, dat man nich nur lecker wat einkauft, sondern auch 'n paar Leute trifft. Gut, manche will man gar nich unbedingt treffen, aber um die kann man ja 'n großen Bogen machen – aber meistens sieht man doch nette Leute, mit denen man gerne ans Küern kommt und Sachen erfährt, wo du inne Heimatzeitung nie wat von liest. Zum Beispiel *wer* gerade mit *wem* knüsselt, wer sich scheiden lässt, wer dat vergammelte Haus anne Breitestraße gekauft hat, wer trotz Diät schon wieder drei

Kilo zugenommen hat – sowat will man doch wissen. Und auch, ob dat neueröffnete Lokal unten am Kirchplatz mit seine XXL-Portionen und dem Werbeslogan „All you can eat" angenommen wird oder schon bald wieder dicht macht ...

Also, wat den XXL-Fresstempel betrifft – Mia Stapelkötter sagt, um den müssen *wir* uns sowieso keine Sorgen machen, weil für uns is dat eh nix. Die Betreiber ham's hauptsächlich auf junge Leute abgesehen, die sich dat noch leisten können, sich XXL – Portionen reinzuschaufeln. Die Zeiten sind ja für uns vorbei. Für mich kommen bestenfalls noch XXS-Portionen infrage. Ich nehm' ja schon zu, wenn ich bloß anne Konditorei vorbeigehe und flüchtig ins Schaufenster kucke. Zack – schon muss ich mich beim nächsten Klamottenkauf mit mindestens Größe XL abfinden, und von da isses bis bis Größe XXL nich mehr weit.

Ach, Änne, man möchte nochmal zwanzig sein!

Damals, als junge, knackige Dinger, ham wir uns umme Figur, weder um XXL noch um XXS, keine Gedanken machen müssen. Und wenn's die Größeneinteilungen statt Gr. 38 – 58 damals schon gegeben hätte, da hätten wer uns doch bestenfalls drüber beömmelt. Auch dat Wort „Seniorenteller" gab's damals noch nich, stand jedenfalls auf keine Speisekarte. Heute übrigens auch nich mehr. Es soll Beschwerden von ältere Leute gegeben ham, die sich durch den Ausdruck „Senior" diskriminiert gefühlt ham. Dabei – dat hat unser Yvonne mir verklickert, weil die hat ja Bildung gelernt – die Wörter „junior" und „senior" kommen aussem Lateinischen und bedeuten einfach nur „jünger" oder „älter". Aber heute, im Zeitalter des Jugendwahns, wo keiner alt und schon gar nicht älter sein will, sondern am liebsten bis in alle Ewigkeit junior, ist das Wort „alt" quasi 'n Schimpfwort. Deswegen wurden de Älteren umbenannt in „Senioren". Und deswegen heißen Altenheime auch nich mehr „Altenheime", sondern „Seniorenresidenzen". Senioren*residenz*! Hahaha! Als wenn Senioren inne Seniorenresidenz *residieren* könnten!

Witz, komm raus, du bist umzingelt!

Bestenfalls werden Senioren von bestimmte Industriezweige als „Best Ager" umschmeichelt, nämlich von Herstellern von Hörgeräten, von Brillen, von Bauchweg-Miederhosen, Soft-Klopapier und Antifalten-Creme. Vor'n paar Tage hab ich übrigens in ei'm vonne bunten Blättkes in eine Anzeige gelesen: „Schönheit kommt aus dem Inneren." Als wenn wir dat nich längst wüssten! Natürlich kommt Schönheit aussem Inneren, nämlich aussem Inneren von sündhaft teure Tuben, Tiegel und Töpfchen.

Änne, wie bin ich jetzt überhaupt auf dat Thema „Senioren" gekommen? Ach ja, wegen de XXL-Portionen in dem neuen XXL-Laden am Kirchplatz, wo nur Junioren hingehen. In „normale" Gaststätten, wo's früher Seniorenteller gab, steht stattdessen neuerdings „Kleine Portion" auffe Speisekarte. Und die is oft so klein, dat de Gastronomen ruhig auch XX*S*-Portion" schreiben könnten.

Egal – wenn unsereins in dem XXL-Fresstempel am Kirchplatz schon nix mehr zu suchen hat, mach ich mir heute in meine Küche 'n eigenen Fresstempel auf, aber mit

Salat. Und zwar als Seniorenteller in XXL-Größe ... und vleicht zwei winzige XXS-Hühnerbeine dazu? Mal sehen, wat meine Waage sagt ... Tschüss, Änne, bis düsse Dage.

***

Y

WIE

YIN UND YANG

„Unser Herrgott hat'n großen Tiergarten", sagte unser Opa früher oft, wenn ihm wieder mal Leute inne Quere kamen, wo er nix mit anfangen konnte. Und gestern beim Besuch von Ansgar und Brunhilde wäre der Satz unter Garantie wieder fällig gewesen, wenn auch nur hinter vorgehaltener Hand.

Ansgar und Brunhilde sind um drei Ecken mit uns verwandt, wohnen aber weit weg im Moor im Hümmling und sind irgenswie 'n bisken „esoterisch" angehaucht, wat se aber nich gern hören, sondern nennen sich „spirituell interessiert" oder so ähnlich. Die lassen sich von Zeit zu Zeit von ei'm Auraleser de Aura reinigen und schlechte Energie ableiten – ich blick da nich so recht durch. Wat die erzählen klingt alles so 'n bisken mystisch und is für unsereins schwer nachzuvollziehen, deswegen ham wir nur lockeren Kontakt mit denen. Wat aber nich heißen soll, dat die nich richtig nett und im Grunde harmlos sind, bloß eben – wie soll ich dat ausdrücken? – senden se nich so ganz auf unsere Wellenlänge. – Egal – wir sind mit denen verwandt und gut isses.

Die hatten sich vorige Woche aus heiterem Himmel bei Anton und Kathrina für'n kurzen Besuch eingeladen. Ob se ihnen nich mal ihre beiden süßen kleinen Töchter vorstellen dürften, die hätten Anton und Kathrina ja noch gar nicht kennengelernt. Und mich, also ihre Tante Lisbeth, hätten se auch schon 'ne halbe Ewigkeit nich mehr gesehen. Sie kämen nur auf 'n Sprung, und Kathrina soll sich bloß keine Umstände machen.

Natürlich hat Kathrina sich Umstände gemacht, ihr'n berühmten Käsekuchen gebacken, ihre beste Spitzendecke aufgelegt, dat gute Geschirr für sonntags aufgedeckt, und ich hatte aus mei'm Garten 'n Strauß Astern mitgebracht, da klingelte's auch schon. Ich durfte de Tür aufmachen.

Ein mit Bart und lange Haare fast zugewachsener Ansgar streckt mir lächelnd de Hand entgegen. Daneben Brunhilde, mit Henna-gefärbte Haare, Ökoschuhe anne Füße und Holzschmuck ummen Hals, beide in handgestrickte Pullover aus Schafwolle – und zwischen beiden de wirklich süßen kleinen Mädchen, ebenfalls im Schafwolllook. So 'n bisken wie 'ne Hirtenfamilie im Krippenspiel standen se auffe Matte, aber richtig nett.

„Hallo, da seid ihr ja, dann kommt mal rein."

Ansgar kramte umständlich in seine Jute-Umhängetasche und holte 'ne Flasche Biowein raus, die er feierlich an Anton übergab. Dat wär 'n ganz besonderer Tropfen, nur wat für besondere Gelegenheiten, Herz und Kreislauf stärkend und mit Vernunft und Verstand in Maßen zu genießen.

De beiden kleinen Mädchen streckten der Hausfrau ihre Patschhändchen mit kleine, schon etwas ramponierte Sträußkes aus Heidekraut entgegen, richtig süß, und Brunhilde strahlte einfach nur.

Kathrina kriegte sich als Erste wieder ein. „Wat darf ich anbieten: Tee, Kaffee und vielleicht 'n Kakao für de Kinder?"

„Keine Umstände, wir haben alles dabei, weil wir nur grünen Tee trinken ... Schwarztee und auch Kaffee bilden schädliche Säuren im Magen. Und wir süßen nur mit Schleuderhonig, in dem noch alle Enzyme enthalten sind. Für die Kinder haben wir Biomilch dabei und zum Essen Vollwertkuchen, den Brunhilde unter Berücksichtigung der Yin-und-Yang-Komponente gebacken hat."

Brunhilde schob lächelnd Kathrinas Käsekuchen etwas auffe Seite, legte ihre Schätze auf 'n Tisch, schenkte aus 'ne mitgebrachte Thermosflasche für Ansgar und sich grünen Tee in Kathrinas Sammeltassen, schnitt den Vollwertkuchen in Stücke und hielt uns einen Vortrag über die Schädlichkeit von Weißmehlprodukte, weswegen Käsekuchen ernährungsphysiologisch hochtoxisch und das reinste Gift war. „Und ist das nicht interessant, dass Paula mit ihren knapp drei Jahren das bereits instinktiv erkannt hat?" Die hatte sich nämlich schon der Länge nach auffen Tisch gelegt und ließ ihre Holzpuppe wie wild auf Kathrinas Käsekuchen rumhämmern. Ansgar klärte uns ausführlich auf über links- und rechtsdrehende Milchsäuren und schenkte den

Kindern ein, worauf Klein-Dora zielstrebig auf allen Vieren inne Küche robbte und anfing, den unteren Topfschrank auszuräumen. Das täte se am allerliebsten, verkündete Brunhilde glücklich.

Ich kuckte zu Anton und Kathrina rüber: So fassungslos hab ich die in all den Jahren noch nie gesehen. Anton saß wie versteinert in seine Ecke und rührte geistesabwesend in Kathrinas säurebildenden Kaffee mit der rechtsdrehenden, vitaminzerstörten Milch. Kathrina starrte auffen Tisch mit ihre beste Spitzendecke, die in kürzeste Zeit übersät war mit den Krümeln von dem hochtoxischen Käsekuchen, und Brunhilde beobachtete mit verklärtem Blick ihre Tochter Dora, die inzwischen auffem Fußboden saß und mit ihre winzigen Fingerchen angefangen hatte, kreative Knoten inne Teppichfransen zu knüpfen.

„Das Kind is unglaublich geschickt."

Ansgar griff nach Brunhildes Hand und war offensichtlich einfach nur glücklich.

„Bei euch kann man so richtig entspannt das Hier und Jetzt genießen." Dat hätt er ja nich zu hoffen gewagt – hier kämen se gerne und bald mal wieder hin.

Als se nach zwei Stunden wieder weg waren, erwachte Anton aus seine Totenstarre, holte 'n Korkenzieher und machte Ansgars mitgebrachte Flasche auf. Der besondere Anlass für diesen Herz und Kreislauf stabilisierenden Tropfen wäre jetzt schon gekommen: Prost!

Und nach dem ersten Schluck durften wer feststellen, dat dat den deutschen Winzern offenbar gelungen is, Wein aus Sauerampfer herzustellen. Da waren wer dank Ansgar und Brunhilde um noch 'ne kulinarische Erkenntnis reicher.

***

Z

WIE

ZUCKERSTOSS

Hallo Änne – Du, Sachen gibt's, die gibt's gar nich. Ich war heutmorgen kurz im „Büdchen" bei uns anne Ecke vom Heinrich-Heine-Weg, dat ich mir de neue Funkzeitung hole. Wat wir „Büdchen" nennen, is einklich 'n kleiner Laden, wo du alles krichst, wat man normal in ei'm Kiosk, also in ei'm Büdchen kaufen kann: Zeitschriften, Ansichtskarten, Briefmarken, 'n paar Getränke, 'n Drucker ham se auch …

Aber vor allem Süßigkeiten. Jede Menge Süßigkeiten, mehrheitlich Kleinkram. In Reih und Glied stehen da zig Gläser mit Zuckerzeug, alles für fünf oder zehn Cent: Bömskes, Pfefferminz, Brausepulver, wat wir noch aus unsere Schulzeit kennen. Aber auch ganz modernes, buntes Schlickerzeug, wat sich hauptsächlich de Schüler vom Genasium inne große Pause schnell holen, trotz „Das Verlassen des Schulhofes während der Pausen ist nicht gestattet". Egal – die Inhaber vom Büdchen machen wahrscheinlich

HELIKOPTER SIRI

den größten Umsatz mit den Schülern vom Genasium und deren Heißhunger auf Süßigkeiten.

Inne Zeit vonne große Pause geht unsereins da überhaupt nich hin, weil dann is dat da gerappelt voll mit Schülern und du kanns dir beim Warten bloß de Beine in'n Bauch stehn.

Als ich da heute hinkam, war an Schülern nur noch ein einziger Schüler drin, der hatte's allerdings sichtlich eilig. In eine Hand 'n bisken Kleingeld, inne andere Hand sein Daddelding – ohne die Dinger gibt's ja kein normales Leben mehr inne heutige Zeit – fragt er die Frau, die dat Büdken betreut: „Ich hab neunzig Cent, wie viele von den Süßigkeiten kann ich dafür kriegen?"

Die Verkäuferin grinst, aber sagt ganz freundlich: „Wenn du das nicht selber im Kopf ausrechnen kannst, dann frag doch den Rechner in dei'm Daddelding." „Oh ja, gute Idee", sagt dat Kerlken – ich schätze mal, dat der so ungefähr inne sechste Klasse war. Macht er tiptiptip auf sei'm Smartphone – „Wir schreiben nämlich gleich 'ne Mathearbeit, deswegen brauch ich vorher 'n Zuckerstoß" – sucht sich schnell seine vom Daddelding errechnete Menge Schlickerzeug raus, bezahlt und weg isser.

„Nicht verzagen, das Smartphone fragen!", hat de Verkäuferin ihm noch hinterhergerufen. Und sagt zum nächsten Kunden, einem älteren Herrn bei uns ausse Nachbarschaft: „Jaja, dat ist unsere künftige Elite – der wird garantiert kein Mathematiker, aber vleicht Ernährungswissenschaftler?"

Der ältere Herr zuckt bloß mitte Schultern, sagt nix, bezahlt seine Zeitung und geht raus. Aber vor'm Straßenschild zum Heinrich-Heine-Weg bleibt er stehen, kuckt nach oben und murmelt kopfschüttelnd: „Denk ich an Deutschland in der Nacht, bin ich um meinen Schlaf gebracht."

Ich hab's deutlich gehört, aber den Sinn hab ich nich so ganz verstanden, weil von Heinrich Heine weiß ich hauptsächlich, dat dat zu dessen Zeiten noch keine Smartphones und auch sonst nix von diesem heutigen Medienkrempel gegeben hat. Is ja auch mehr als 200 Jahre her. Aber nun frag ich mich doch: Warum wohl hat Heinrich Heine beim Gedanken an Deutschland schon damals nich mehr ruhig schlafen können?

»... ist den Autoren ein glaubhafter Münsterlandroman gelungen, der aber keineswegs an dessen Grenzen Halt macht, sondern ein Familiendrama über drei Kontinente erzählt.«

Westfälische Nachrichten

»Es blieb spannend bis zum Schluss.«

Münsterland Zeitung

Usch Hollmann/Markus Böwering:
**Wasserschloss zu vererben.
Ein Münsterlandroman**
Solibro Verlag 1. A. 2018
[cabrio Bd. 6]
ISBN 978-3-96079-055-6
TB • 320 Seiten • auch als E-Book
erhältlich

mehr **Infos** & **Leseproben:**
www.solibro.de

»Schicksal ist nicht das, was passiert. Schicksal ist das, wohin der Charakter lenkt.«

ALMUTH HERBST

Winter saat

Historischer
Roman aus dem
Münsterland

solibro

beliebteste
Romane auf
Histo-Couch.de
Platz 1

»Chapeau! Dieses Romandebüt hat es in sich. (…) Ein Erzählspaß sondergleichen voll überbordender Fantasie, unterhaltsam, spannend, kurios, listig, sinnlich und – wie erwähnt – immer postmodern doppelbödig. Ein frisches Revival längst totgesagter Genres!« Prof. Walter Gödden in **Westfalenspiegel**

Almuth Herbst:
**Wintersaat.
Historischer Roman aus
dem Münsterland**
Solibro Verlag 4. Aufl. 2018
[Historoman Bd. 2]
ISBN 978-3-96079-027-3
Broschur • 896 Seiten • auch
als E-Book erhältlich

mehr Infos & Leseproben:
www.solibro.de

Die schönsten Geschichten liegen hinter der Gefahr. Direkt dahinter.

»Helge Timmerberg hat ein neues Kultbuch geschrieben. Jeder, der eine Reise plant, sollte es vorsichtshalber lesen.«

Bunte

Illustriert vom
Besten deutschen Comic-Künstler 2002,
Peter Puck

Helge Timmerberg:
Timmerbergs Reise-ABC
Solibro Verlag 8. A. 2017
[Timmerbergs ABC Bd. 1]
ISBN 978-3-932927-20-1
TB • 128 Seiten • 21 Cartoons
von Peter Puck • auch erhältlich
als E-Book & Hörbuchdownload
(Sprecher: Heikko Deutschmann)

mehr Infos & Leseproben:
www.solibro.de

»Ein Breitmaul-Nashorn streichelt man so: man schlägt es. Was wir strei-cheln nen-nen, spürt es leider nicht. Wichtig: mit der fla-chen Hand schlagen.«

»Seine zoologischen Kunststücke über den Killer-Strauß, den besoffenen Elefan-ten Hussein oder Zoowärter Toni sind urkomisch und so lehrreich wie Baron Münchhausens Abenteuer.«

Amica

Helge Timmerberg • Frank Zauritz:
Timmerbergs Tierleben
Solibro Verlag, 4. A. 2015 [2005]
ISBN 978-3-932927-28-7
Klappenbroschur • 53 Farbfotos • 144
Seiten • auch als E-Book & Hörbuch-download (Sprecher: Helge Timmer-berg) erhältlich